D1649011

Una buena forma para decir adiós

Palabras que te ayudarán a sobrellevar el duelo por la muerte, la ruptura amorosa y los malos hábitos

CÉSAR
LOZANO

Una buena forma para decir adiós

Palabras que te ayudarán a sobrellevar el duelo por la muerte, la ruptura amorosa y los malos hábitos

Copyright © César Lozano 2010

De esta edición:
D. R. © Santillana Ediciones Generales, S.A. de C.V., 2010.
Av. Universidad 767, Col. del Valle.
México, 03100, D.F. Teléfono (55 52) 54 20 75 30
www.editorialaguilar.com

Primera edición en Aguilar: mayo de 2010
Quinta reimpresión: marzo de 2011

ISBN: 978-607-11-0480-9

Diseño de portada y de interiores: Víctor M. Ortiz Pelayo - www.nigiro.com
Fotografía del autor: Marcelo Álvarez

Impreso en México

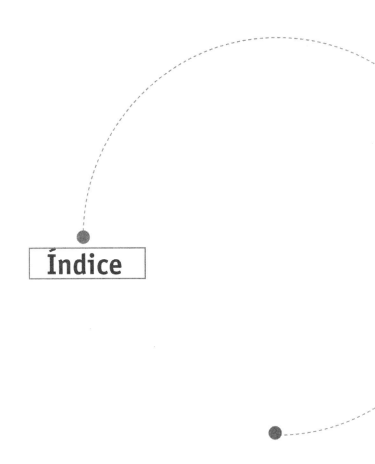

Índice

Agradecimientos

A mi querida esposa Alma, por todo lo que he aprendido de ella, quien transforma el dolor en esperanza. A mis hijos, César y Alma, porque al verlos y tenerlos, valoro y disfruto los momentos compartidos, lo cual me ayuda a sobrellevar el adiós momentáneo que les digo constantemente al partir a mi trabajo cada día. A mi papá, por su cariño y apoyo en la elaboración de mis publicaciones. A mis hermanos y hermanas, especialmente a Gaby, por trabajar conmigo, por dar siempre su mejor esfuerzo, y por su gran dedicación. A mis compañeros de trabajo: Cristy Salazar, quien me ha brindado por más de 23 años su amistad, tiempo y profesionalismo, a Lupita, y a mi incondicional asistente y excelente amigo Mario Almaguer; gracias a todos por estar siempre conmigo y poner valor agregado a sus vidas y trabajo. A ti, mamita preciosa porque con tu doloroso adiós me inspiraste a escribir este libro, que deseo dé esperanza y alivio a quienes han vivido o vivirán el adiós.

Prefacio

No temas vivir en la verdad

El nuevo y extraordinario libro de mi amigo, el Dr. César Lozano, presenta una serie de maravillosas formas de decir y aceptar el adiós; a través de su lectura, he tenido la dicha de reafirmar lo que creo desde hace tiempo: "Qué extraordinario es vivir en la verdad, superando con valor los temores que puedan existir".

El temor a lo desconocido es una constante en nuestro peregrinar por este mundo. ¿Podría ser esto diferente? Desde que estamos en el vientre de nuestra madre somos receptivos tanto a sus emociones positivas como a las negativas. Entonces, la alegría por nuestra llegada se entremezcla con la natural incertidumbre por la salud, los cambios que se generarán y nuestro futuro, mismo que Dios planeó maravilloso.

Al recorrer los capítulos del libro, conoceremos los testimonios de quienes, directa o indirectamente, compartieron con el autor su experiencia sobre el adiós. Sin embargo, la mejor oportunidad que ofrecen estas páginas es la de conocer al autor con quien muchos nos hemos sentido identificados, guiados o acompañados por su labor de médico, instructor y conferencista. Me considero privilegiado de ser su amigo.

Por ello me atrevo a decir que este libro no es uno de tantos libros motivacionales que dan consejos prácticos para superar la adversidad, o el desastre emocional que transitamos (no niego que esos textos siempre serán bienvenidos); sin embargo, este libro va más allá, es una puerta que, al abrirla, nos adentrará a la vivencia de quien lo escribe; es decir, no se limita a presentar una compilación de vivencias, sino que comparte, además, la experiencia profunda del autor.

Como señala la bella reflexión citada en la Biblia: "Nadie da lo que no tiene", y en las páginas de la presente obra encontraremos que César tiene mucho para compartir, comparte el "don" que le ha sido dado sin reparos, hacer lo contrario, es decir, mantenerlo guardado, sería un pecado muy grave. Esta experiencia tiene que ser plasmada, compartida, para que pueda dar a los lectores fortaleza y valor ante el adiós.

No temamos aceptar el reto de vivir nuestra existencia en la verdad. Dejemos de una vez por todas la burbuja en la que hemos permitido que crezca nuestra vida y la de quienes nos rodean; salgamos y enfrentemos la realidad. Este libro es una valiosa oportunidad que Dios pone en nuestras manos, para derrotar los sentimientos adversos que suelen acompañar al adiós.

Decir adiós es una forma de encaminar y encaminarnos hacia Aquél que nos ha creado en y para el amor.

Decir adiós es una forma de permitir que la verdadera felicidad sea disfrutada en plenitud.

Decir adiós es una forma de aprender a vivir y dejar vivir la libertad para la cual fuimos creados.

Decir adiós no es otra cosa que… bueno, mejor dejo que lo descubras, reflexiones y vivas.

Presbítero Juan José Martínez Segovia

Prólogo

La vida está armada por una constante: el cambio. En cada uno, peregrinamos entre lo que era y lo que comienza a ser... Puede tratarse de un cambio de etapa, de escuela, de trabajo, de relación, de casa o de ciudad, lo cierto es que cada cambio genera despedida, renuncia, dejar atrás.

En este nuevo libro, el Dr. César Lozano nos abre el corazón y nos comparte su experiencia de duelo y sufrimiento, así como sus aprendizajes para vivir más sanamente después de una dolorosa despedida; nos enseña "una buena forma para decir adiós".

Sin dejar de lado su sentido del humor y su fresco estilo de diálogo, casi personal con el lector, presenta en esta ocasión, una valiosa combinación de principios tomados de las teorías psicológicas, el desarrollo humano, la tanatología, la logoterapia, los diez pasos de Alcohólicos Anónimos, así como conclusiones de estudios sobre de la felicidad, entre otros.

Además, profundiza en diversos elementos de nuestra cultura, misma que, ciertamente, no nos prepara ni nos enseña a enfrentar el dolor, a consolar a los demás, a identificar una relación dañina y a cómo alejarnos de ésta, y mucho menos a superar el adiós más doloroso: el de la muerte.

Recupera con acierto el valor de reconocer y aceptar el cariño que nos brinda la familia y los amigos. Explica cómo nos ayuda la decisión y el deseo de promover la felicidad en nosotros para trascender el cuestionamiento de quien se siente víctima y se pregunta: "¿Por qué a mí?".

La felicidad y la adaptación al cambio son acompañadas por una reflexión en torno a los hábitos nocivos. En ese apartado, el autor, aborda las adicciones y la dependencia, —en sí nos brinda la ayuda para romper con la esclavitud que generan.

Por último, nos invita a ser conscientes de las preocupaciones y de cómo empañan nuestra vida. Al preocuparnos, dejamos de ocuparnos: no disfrutamos el presente por vivir centrados en el pasado o soñando con un futuro incierto.

En este libro, el Dr. César Lozano, da ejemplo de los frutos que surgen del amor y la comprensión, al tiempo que nos invita a reconciliarnos con Dios, con nosotros mismos, con la vida y con los demás.

Cecilia Segovia

Introducción

Al escribir este libro que tienes en las manos, redescubrí y reviví las más bellas sensaciones. Ciertamente, decir adiós es doloroso, es un acto, incluso, capaz de marcar nuestra vida. No volvemos a ser los mismos tras despedirnos de quien significa mucho, ya sea por su cercanía o por el afecto que le prodigamos. Duele la ausencia, duele que alguien o algo que consideramos parte de nosotros no está más.

No sé si cuando alguien se va lloramos en sí por la persona o lloramos por nosotros mismos y por lo que dicha ausencia significa. Al escribir *Una buena forma para decir adiós* recordé pasajes de mi vida donde, a pesar del inmenso dolor, pude salir a flote y victorioso. También, vinieron a mi mente, hábitos nocivos que pude eliminar, hacerlo me ayudó a convertirme en una persona mejor y diferente.

Recordé a seres muy allegados, su cercanía me permitió ser testigo de su entereza y valor para evitar que el dolor se convirtiera en un sufrimiento constante. Admiré y aprendí de esa capacidad de amor tan grande que tiene mi querida esposa Alma al compartir durante la elaboración del libro, todo lo que vivimos juntos ante sus pérdidas: su mamá, su papá, su hermana y su hermano. Un dolor tras otro. Sin embargo, ella decidió transformar el dolor en amor, alegría y servicio a los demás, tres ingredientes que son parte de su vida y que, al mismo tiempo, dan sentido a su existencia. Güerita, cómo agradecerte todo lo que has hecho por mí, tu apoyo para escribir este libro y darle esperanza a lo inevitable.

Agradezco cada uno de los testimonios de amigos y conocidos, personas que han perdido seres tan fundamentales como amados: padres, hijos, hermanos, mejores amigos.

Gracias a quienes me acompañaron en momentos de adversidad, gracias a sus consejos pude utilizar las cenizas del dolor para crear una nueva forma de ver y asumir la vida. También a quienes compartieron conmigo su experiencia del adiós en rompimientos amorosos, donde el dolor fue tan intenso que pensaron que nunca podrían recuperarse y, sin embargo, lo superaron, volvieron a amar y a ser amados.

Gracias a quienes dejé de ver hace tiempo por diversos motivos, a quienes cruzaron por mi vida como estrellas fugaces y dejaron una estela de sensaciones y aprendizajes que influyeron y determinaron mi destino. No cabe duda, hay gente que aparece en nuestra existencia con una misión específica y trascendente, tras cumplirla, se va.

Mi agradecimiento a mi adorada madre, pues con su partida me enfrenté al doloroso proceso del adiós y me permitió comprender lo importante que es decir y expresar con palabras y hechos lo que sentimos por quienes nos rodean. Gracias a que lo hice, su partida no dejó huellas dolorosas en mi vida, pues mi madre tenía una risa contagiosa, expresaba constantemente su amor a quienes quería; fue su forma de ser lo que me permitió, y en homenaje a ella, llevar su ausencia con alegría y ser más expresivo en mis afectos. Decidí cómo vivir mi duelo.

Por supuesto que decir adiós no es, ni lo será, pero es nuestra fe, la actitud que asumimos ante la adversidad y el amor de quienes nos rodean, lo que hará la diferencia. Ese amor que manifestamos con hechos y palabras a quienes están y estarán siempre con nosotros.

Deseo de corazón que este libro te acompañe durante el proceso del adiós. Espero que lo obsequies a un ser querido cuando lo necesite y no tengas las palabras necesarias para darle consuelo, para que no se consuma en el dolor de vivir una pérdida.

Una buena forma para decir adiós es un mensaje de esperanza, de fortaleza ante la despedida, a la que nos hemos enfrentado en diferentes momentos y de diversas maneras, o a la que sucederá en el futuro. Sé que este libro te ayudará a sobrellevar el momento de crisis, pero también proveerá crecimiento personal y espiritual.

Ponte cómodo y disfruta el "placer de leer".

Decir adiós
duele

¡Pero por supuesto que un adiós duele! No sólo porque extrañaremos a la persona que se fue, sino por todo lo que se queda y nos la recuerda. Duele, incluso si no existió un vínculo personal con ella, pero sí con sus cercanos, duele al ver el sufrimiento de quienes verdaderamente la amaron y la extrañarán.

El dolor es inherente a la naturaleza humana; es inevitable, por ejemplo: al vivir un cambio que nos afecta; si alguien se separa de nosotros temporal o definitivamente; o si quien ocupaba un lugar en nuestros afectos muere. El adiós será doloroso. Lo mismo ocurrirá si nosotros nos vamos, quienes nos aman sentirán dolor. Si alguien que fue un gran amigo o un compañero de estudios o de trabajo muy querido se fue para siempre, lo extrañaremos y nos dolerá su partida.

Un adiós duele mucho, pero también duele a quienes nos aman, el ver cómo nos consumimos. Es necesario vivir el dolor; el sufrimiento es opcional. Tendemos a llamarle duelo al sentimiento de pérdida por la muerte de un ser querido, sin embargo, el rompimiento amoroso también conlleva un duelo.

Tarde o temprano todos vivimos el dolor por la pérdida de algo o de alguien. Desde que somos niños lo experimentamos de una u otra forma, y la manera de reaccionar es tan variada como personas en el mundo. Los bebés, por ejemplo, al detectar la ausencia de su madre lloran por instinto.

Nadie olvida su primer contacto con la muerte. No podemos subestimar ese primer encuentro. ¡Claro que yo lo recuerdo! Sucedió con un animalito con el cual me encariñé, a pesar de su poca expresividad: un pollo amarillo que me regalaron en una feria de la iglesia a la que asistíamos, y que después de alimentarlo, cuidarlo y quererlo un día desapareció sin más. Fue una extraña desaparición que, a los cinco años de edad, me generó angustia y estrés. Digo "desaparición" porque mi madre al ver que amaneció muerto y en el afán de "protegerme" de la tristeza que me provocaría, ocultó su muerte diciendo que el pollito se había ido. ¡Peor! "¿Dónde está? ¿Se lo robaron? ¿Lo habrán atropellado? ¿Estará sufriendo?", y toda una serie de preguntas que un niño de esa edad puede formular. Posteriormente, mi madre no tuvo más remedio que decirme que el animalito había muerto. Me lo entregó, lo metí en una caja de zapatos, le lloré y le di "cristiana sepultura" en el jardín. Te imaginarás la escena trágica donde mi madre, mi padre y mis hermanos me acompañaron en mi dolor. Hoy agradezco que me hayan permitido vivirla, ese primer contacto con la muerte me ayudó a empezar a entenderla como algo natural.

La segunda parte de la historia no me la dijeron sino hasta mucho tiempo después: un gato desenterró a mi pollo ¡y se lo comió! ¡Claro que eso hubiera sido muy difícil de asimilar! Mi primer encuentro con una pérdida. Al saber que murió, las preguntas cambiaron: "¿A dónde fue su alma? ¿Existe el cielo de los pollos? ¿Estará con otros pollitos? ¿Existe un dios de los pollos?" Pensaba que de existir un dios de los pollos debía ser muy emplumado y grande.

Las pérdidas siguieron, pero con diferentes matices. Crecí y sentí el dolor del primer día de clases, que aunque para muchos no significó gran cosa ¡para mí sí! Dolió dejar las vacaciones en casa y me dolió enfrentar a nuevos profesores y compañeros. Durante la primaria viví la muerte de mis abuelos; del director del colegio a quien apreciaba y respetaba mucho; la muerte del perro que era la mascota de la casa; el fin de cursos y, más adelante, cerrar ciclos de estudio y trabajo.

Pero sin duda, el dolor que más hondo caló en mi corazón fue la muerte de mi madre. Dolió infinitamente su ausencia en forma tan repentina. Resignarme a mi nueva situación y a reconocer que no estaba más; a perder el hábito de llamarle y encontrarla; al escuchar su risa contagiosa, su buen humor y sus quejas en contra de ciertos gobernantes y personajes de la vida pública que, a su ver, hacían mal las cosas. Extraño su forma peculiar de ver la vida. Decirle adiós fue doloroso y por momentos creí que no podría sobrellevarlo. Debo aclarar que no tuve lo que coloquialmente llamamos "mamitis", ni ella "hijitis", sino que nuestra relación se solidificó por fuertes lazos de amor y gratitud. Una relación fundamentada en la confianza continua y en el amor incondicional de ella hacia mi esposa y mis hijos. Su vida es una hermosa lección de amor.

Cuando nos enfrentamos a la muerte de un ser amado, contamos con tres aliados que nos ayudan a transitar el proceso: vivir el duelo, tiempo y decisión personal. Vivir el duelo es evitar la negación. Los niños tienen edad suficiente para sufrir la pérdida de un ser querido cuando tienen la edad necesaria para amar. Sin embargo, los adultos preferimos, erróneamente, distraerlos cuando alguien cercano muere. Les pedimos inclusive que no lloren, que estén como si nada hubiera pasado; esta evasión de la realidad contribuye, con el paso del tiempo, a acumular tristeza y resentimiento, que se transmutan en transtornos de conducta, cambios en la alimentación y bajas calificaciones. La muerte es una consecuencia natural de la vida, y todos en algún momento sufriremos esa experiencia.

Siempre he expresado y sugerido que la mejor forma para ser felices es creer que estamos felices. Experimenté en carne propia y escribí lo dañino que es evadir un sentimiento. Y ahora, con el paso del tiempo, he aprendido que si tenemos la necesidad de llorar, hay que llorar. Así que al vivir una pena, es necesario hacer, expresar, sacar todo aquello que sentimos. Vivir el duelo, sentir la ausencia y, con el paso del tiempo, asimilar la nueva realidad que vivimos. Es decir, que la persona que tanto amamos ya no está, a quien le dimos tanto amor decidió o tuvo que seguir otro camino; la pérdida está y no es nada bueno evadirla. Vivir el duelo con sus momentos, aceptar la pérdida, con mucho dolor, pero aceptarla. No nos queda otro remedio más que reconocer la realidad, saber que aunque lo neguemos las cosas no cambiarán. Necesitamos, además, aprender a reconocer los sentimientos, tras hacerlos conscientes vendrá la etapa de adaptación.

El tiempo es un aliado porque, efectivamente, ayuda a ver las cosas con más tranquilidad, desde otros puntos de vista, y nos permite tomar decisiones más certeras. Es también determinante en el proceso de cicatrización de heridas emocionales. Lo vivimos cuando nuestro primer amor se fue. Creíamos que nunca superaríamos esa pérdida, que jamás nos volveríamos a enamorar, pero el tiempo pasó y ese adiós y su huella perdieron intensidad. Posteriormente (qué raro es el amor), veíamos hasta los beneficios de que esa persona siguiera por otro camino. El tiempo siempre ayuda a ver las cosas de otra forma. No es bueno tomar decisiones precipitadas en momentos donde las emociones están a flor de piel. No es bueno decir todo lo que sentimos cuando alguien nos lastima, es mejor esperar a que se calmen los ánimos, dejar que pasen los minutos o las horas y, con la mente fría, hablar. Por cierto, no es recomendable enviar un mensaje o escribir una carta a alguien cuando estamos enfadados, más de 80 por ciento de quienes lo hacen, se arrepienten del contenido.

La decisión es una herramienta poderosa porque determina el daño del trance. Decide cómo llevar el duelo; decide qué quieres hacer con tu vida y cuál es la forma más correcta de sobrellevar la pena; decide la importancia de luchar por tus objetivos a pesar de la ausencia de alguien que incidió en ellos; decide, incluso, si vives el dolor o sufres la pena. El dolor está, pero sufrimos cuando se involucran una serie de emociones que pueden ser destructivas para uno mismo o para quienes nos rodean. La decisión es fundamental en la pérdida, pues marca la pauta a seguir.

Nadie nos enseña
a vivir el dolor

No me dejes pedir protección ante los peligros,
sino valor para afrontarlos.
No me dejes suplicar que se calme mi dolor,
sino que tenga ánimo para dominarlo.
No me dejes buscar aliados en el campo de batalla de la vida,
como no sea mi propia fuerza.
No me dejes anhelar la salvación lleno de miedo e inquietud,
sino desear la paciencia necesaria para conquistar mi libertad.
Concédeme no ser cobarde,
experimentar tu misericordia sólo en mi éxito;
pero déjame sentir que tu mano me sostiene en mi fracaso.

Rabindranath Tagore

Hay quien niega la aflicción,
señalando al sol.
Hay quien niega al sol,
señalando la aflicción.

Franz Kafka

En Occidente nos han enseñado a no sufrir las consecuencias del dolor ocasionadas por alguna pérdida. Para nuestra cultura, el bienestar, el buen vivir y los anhelos por alcanzar las metas son los elementos principales. Se nos exige recuperarnos de forma casi inmediata ante la pérdida de algo o alguien. No se nos permite externar lo que sentimos porque ello habla de poca madurez. ¿No crees que es injusto?

El dolor ante la pérdida y sus manifestaciones

¿Qué es el dolor? ¿Por qué hay quienes se hacen prácticamente inmunes a ese sentimiento y superan la ausencia con mayor rapidez? ¿Y por qué hay quienes con una pérdida caen en depresiones profundas y quedan sin luz en su vida?

El dolor se manifiesta de muchas formas. Los padres de familia y los maestros han tenido mucho que ver en cómo reaccionamos. Desde pequeños nos enseñaron a expresar o a no demostrar lo que sentimos; nos motivaron a hacerlo o nos reprendieron cuando lo hacíamos: "¡No me gustan los niños llorones!", decían. "¡No chilles! ¡Pareces vieja!". "¡Que se haya reventado el balón no es motivo de drama!". Y a las niñas: "¡Muñecas tienes muchas! ¡No llores!".

Sé que ningún padre que ama a sus hijos deliberadamente quiere causarles un daño, pero generalmente los educamos como nos educaron a nosotros. Nos inclinamos a repetir aciertos y errores. Y es precisamente durante la infancia cuando se dan las herramientas necesarias para sobrellevar las penas que habrán de sentir en la vida.

Los padres que permiten a sus hijos expresarse, les dan, además de una buena formación, las herramientas para forjar un carácter positivo. El trato y la atención que se les dé a los hijos constituyen los cimientos de su futuro. Veamos algunas diferencias; por ejemplo, si un niño quiere expresar su dolor por la pérdida de su pelota, un padre autoritario dirá: "No me molestes ahora. ¡No llores! No es para tanto", mientras que uno comprensivo tratará de mitigar la pena diciendo: "Qué lástima, hijo. Vamos a ver cómo lo arreglamos". Ese niño sentirá que fue comprendido y aprenderá a manejar sus emociones.

Vayamos al otro extremo, seguramente hemos conocido casos donde una persona siente que se acerca el final de su vida, en consecuencia, expresa a sus seres cercanos su deseo de poner en orden asuntos pendientes, ya sean económicos, personales o morales; para prepararse para una despedida tranquila. ¿Qué es lo primero que le dicen? "¡Cállate, no digas eso! Tú no te vas a morir nunca. ¡Tú nos vas a enterrar a todos!". "¡Ni una palabra más! Tú no te vas a morir". Aunque la persona esté en fase terminal, los familiares evitan hablar al respecto para no enfrentar la pena, pero con su actitud le quitan a esa persona el derecho de marcharse de este mundo con la conciencia tranquila. Sé que el objetivo de esas frases es evitar que quien está en tal situación sienta temor ante la proximidad de la muerte, pero quien va a morir presiente su partida y, mientras tenga lucidez y aliento, querrá expresar su pensamiento y deseo, mismos que deben ser escuchados por quienes están a su lado. Es más, dada la ocasión, será conveniente sugerirle, con la debida prudencia, tratar el tema.

Sucede como cuando una empresa despide a un empleado, bien sea por incompetencia o porque su comportamiento "no es compatible con sus políticas", y utiliza un procedimiento donde, el mismo día del despido, el empleado es informado de la suspensión de actividades y se le solicita abandonar las instalaciones de forma inmediata. Con ello este tipo de empleadores argumenta que se evitan las despedidas "dolorosas e innecesarias"; sin embargo, el hecho desconcierta a quien se va, y genera incertidumbre en quienes permanecen.

Una vez leí que hay dos tipos de sufrimiento: el que se crea en el presente y el que surgió en el pasado, pero que sobrevive en la mente y las emociones. Obviamente ninguna vida está libre de dolor y tristeza, y más cuando el adiós se ha manifestado de alguna forma. Lo más trascendente es que la mayor parte del sufrimiento humano es innecesario, porque es creado por nosotros mismos cuando la mente da rienda suelta a su imaginación. No "observamos" ni los pensamientos ni las emociones creadas por nuestras ideas.

El dolor que creamos es siempre una forma de no aceptación, una forma de resistirnos ante lo que es, a lo que sucede. Cuando nos resistimos a aceptar que algo pasó, surge el sufrimiento, su intensidad depende del grado de resistencia al presente.

Eckhart Tolle, en su libro *El poder del ahora*, dice que la mente siempre busca negar el ahora y escapar de él. En otras palabras, cuanto más capaz eres de aceptar el ahora, más libre estarás del dolor y del sufrimiento. En este momento analizo sucesos de mi vida y encuentro que cuanto más me resistía a no aceptar lo que sucedía, más dolor sentía. Conforme acepto que no puedo cambiar ciertas circunstancias, menos dolor siento. La mente, para asegurar el control, traslada el pasado y el futuro sobre el presente. Vivir y aceptar el momento es la mejor forma para asimilar y disipar el dolor; entre más nos resistimos, más dolor se crea.

Además, tendemos a acumular residuos de dolor por experiencias pasadas en alguna parte de nuestro ser; el dolor acumulado es un campo de energía que ocupa espacio en cuerpo y mente, se conoce como "cuerpo del dolor". Tiene dos formas de ser: latente y activo. En algunas personas permanece latente en 90 por ciento, en otras, que sufren continuamente, está activo a su tope, es decir, al cien por ciento. No falta quienes deciden que su dolor sea activo.

Existen momentos donde el dolor latente surge: una canción, un lugar, un recuerdo ligado al pasado, incluso una palabra puede estimularlo. Lo ideal es ser consciente de ello. No juzgar y "observar" qué lo activa, qué emoción emana al estar en contacto con el detonante. Cuando no nos resistimos, disipamos el dolor. Así como el amor se activa con amor, el dolor se activa con dolor.

Muchas personas activan continuamente en su cuerpo el dolor, albergando episodios tristes o desagradables, recreando las escenas una y otra vez, sin ser conscientes de que evocarlas no cambiará en nada su presente. Es precisamente en esos momentos cuando se hace necesario "observar" los pensamientos y, reitero, no juzgarlos, sólo observarlos. Constatar la serie de emociones negativas que éstos generan, y detectar su origen. Al fundirnos con el centro de dolor, sin repelerlo, le quitaremos fuerza, poder.

Piensa en los acontecimientos, que sin haber ocurrido, te causan sufrimiento. Te sorprenderás. La mente nos domina si la dejamos. Es necesario conocer las diferentes manifestaciones del dolor para poder identificarlas en nosotros mismos y en quienes amamos, porque muchas veces yacen ocultas tras una apariencia de "tranquilidad". Veamos algunos tipos de dolor.

Dolor expresivo

Se detecta a simple vista, más aún, quien lo sufre expresa lo que siente. Son quienes ante la pérdida hablan de lo que viven, entonces es más fácil sobrellevar el proceso; el hecho de comunicarse inicia la recuperación. No hay peor obstáculo para cualquier adversidad que no reconocer lo que se vive, pero si al experimentar una pérdida se acepta y se habla al respecto, se avanza más de 50 por ciento en el tratamiento.

Cuando conocí uno de los pasos de la terapia que utilizan en Alcohólicos Anónimos constaté la fuerza que representan las afirmaciones en un tratamiento. El poder compartir un testimonio de dolor y de crecimiento frente a un grupo es sin duda uno de los pasos más importantes para controlar la enfermedad. Hombres y mujeres valientes que hablan del infierno que han vivido, de las pérdidas que han tenido y de los avances logrados. Esto, sin duda, es terapéutico.

Cuando alguien expresa su dolor aporta mucho en su beneficio. Tener en quien confiar, con quien desahogar y compartir nuestro sentimiento, ayuda a conseguir más pronto el alivio. Aunque en el fondo se piense: "Nadie entiende mi dolor"; "De nada sirve platicarlo porque nadie puede sentir lo que yo"; o "Nadie me puede ayudar". Siempre es benéfico hablar, expresar y confiar en otro.

Dolor inexpresivo

Aparentemente todo está bien, las cosas marchan normalmente, pero en el fondo de quien vive la pérdida, todo es confusión y desconcierto. Su temor a expresar o a mostrarse vulnerable lo hace actuar así. No exterioriza su sentir y se convierte en una olla de presión que puede estallar de diferentes formas.

Hay quienes afirman que no llorar en las horas posteriores a la pérdida es perjudicial, que es la semilla para un problema mayor. Lo cierto es que cada quien vive el duelo a su manera y no precisamente tiene que llorar para expresarlo. Quien no exterioriza verbalmente lo que siente corre el riesgo de sufrir alguna complicación física o emocional por ello.

El papel que desempeña la familia y los amigos es fundamental para ayudar a quien sufre el dolor inexpresivo; para ayudar, es necesario plantearte preguntas asertivas en los momentos correctos, esto facilitará que se exprese. Este tipo de dolor es, sin duda, más común entre los hombres que entre las mujeres, pues culturalmente se nos enseñó que llorar no es propio de nuestro género, "quien llora es maricón", "sólo las niñas lo hacen" decían. Puede ser tanta la influencia para quienes aceptan esta sentencia que se tragan su llanto y no desahogan su dolor.

Dolor disfrazado

Quienes sufren la pérdida interpretan un personaje con el fin de no expresar lo que les afecta. Es la típica adolescente o joven que cuando sienten un dolor por una ausencia prefieren mostrar indiferencia, es posible reconocerlos porque expresan frases como: "¿Hombres? ¡Hay muchos!"; "¡Si algo sobra en este mundo son viejas!"; "¡No lloraré por alguien como ella!", "Además, en el fondo, ¡nunca me quiso!". Al ser tan enfáticos en su indiferencia, gritan el dolor callado.

Están, además, quienes se entregan al trabajo excesivo o a pasatiempos que les permitan evitar el dolor. El tiempo y las personas que verdaderamente conocen a quien sufre son quienes pueden ayudar a superar este tipo de dolor. Podremos engañar a todo el mundo, menos a nosotros mismos. Una careta de felicidad puede no perjudicar, siempre y cuando exista alguien con quien poder expresar los verdaderos sentimientos.

Como en el caso de Nancy, un caso representativo y común, el cual llegó entre las cartas que recibo en mi programa de radio. Nancy es madre de familia y por veinte años amó profundamente a su esposo, el cual de la noche a la mañana, la abandonó a su suerte con tres hijos menores de edad para "rehacer" su vida con otra mujer. Con el fin de no agudizar el sufrimiento de sus hijos, Nancy aparentó una estabilidad que no sentía. Siempre contó con el apoyo incondicional de Martha, su hermana, con quien diariamente se desahogaba, eso le servía de catarsis para sobrellevar el suceso más triste de su vida.

Casos como éste pueden ser benéficos si no se cae en "sobreactuar" el personaje. El dolor existe y es necesario manifestarlo. La intensidad puede aminorarse al adoptar una actitud positiva y con esperanza. Esto lo he dicho en libros anteriores, pero siempre es necesario contar con alguien a quien podamos confiar nuestros sentimientos.

Superar
el dolor

Del dolor y de la aflicción es donde la raza humana
ha aprendido los secretos de la ciencia,
de la filosofía y de la religión.

Stephen Crane

Antes de entrar de lleno al tema, considero necesario poner en claro los siguientes conceptos:

- 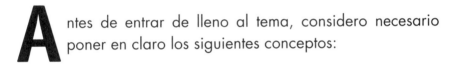 *Aflicción.* Reacción instintiva ante la pérdida de alguien o algo; es un proceso que se acompaña por un sentimiento. La aflicción es continua; es decir, consume el cuerpo, la mente y el alma, ya sea de día o de noche, o lo largo de días y semanas.
- *Duelo.* Conducta aprendida. El duelo nos lleva a superar la aflicción; pues es su expresión externa. Es cualquier acto que nos ayude a adaptarnos a nuestra pérdida.

Nadie que haya experimentado el duelo vuelve a ser el mismo. Algo en el interior se trasforma: los pensamientos, la forma de asimilar la vida y las emociones cambian. Es diferente cómo se percibe el paso del tiempo e, incluso, si la pérdida generó sentimientos intensos, ese momento se vuelve un "parteaguas" que marca un antes y un después de la pérdida.

El desapego para superar el dolor

Es absolutamente necesario aceptar la realidad, la cual, a pesar de nuestros deseos, no podemos cambiar. No se trata de resignarse, sino de aceptar que la vida es de determinada manera, que las despedidas son parte de ella. Hay quienes continúan con su proyecto de vida tras la pérdida; pero también existen quienes lo abandonan, quedan anclados a un pasado y se sienten víctimas del dolor.

Desapego no significa olvido, indiferencia o desamor, sino asumir la actitud y el camino más saludable para seguir existiendo al dejar ir. Implica retomar el rumbo de nuestra vida y continuar en el cumplimiento de nuestras metas. El desapego no significa dar la espalda al dolor, sino asumirlo, aceptarlo y vivirlo.

El dolor existe, por ello es necesario enfrentarlo. Aceptar que por más que quiera no puedo cambiar ciertos sucesos marcados por el adiós. El proceso de duelo requiere humildad para aceptar que soy vulnerable, confianza para recordar que todo pasa y esfuerzo para sobrellevar la pena.

Cuando aceptamos lo ocurrido y soltamos las amarras que nos atan a quien ya no está, empieza la verdadera transformación donde, a pesar del dolor, inicia la renovación y la cicatrización de heridas. Para liberarnos de la aflicción hay que hacerla consciente. Observar y reconocer las diversas formas en que el desasosiego, el descontento y la tensión surgen dentro de nosotros a causa de un juicio innecesario, de la resistencia a aceptar lo sucedido y a la negación del presente. Todo lo inconsciente se disuelve cuando hacemos brillar la luz de la conciencia.

Al reconocer nuestros pensamientos y "monitorear" nuestro estado mental por medio de la observación podremos quitarle fuerza al dolor. Una serie de preguntas pueden ayudarnos:

- ¿Qué ocurre dentro de mi ahora?
- ¿Qué sensaciones percibo?
- ¿Qué clase de pensamientos generan mis sentimientos?

No hay que olvidar que exteriorizamos continuamente nuestro estado interior. La cara, los gestos, los movimientos y lo que decimos, todo tiende a ser un reflejo de cómo nos sentimos. No olvidemos que el estado negativo interior es contagioso. La infelicidad se extiende más fácilmente que una enfermedad física; podemos ser foco de contaminación de quienes nos rodean por no modificar la calidad de los pensamientos que nos habitan, y permitir que afecten nuestras emociones y acciones.

¿El dolor durante el duelo es también físico?

Cuando hablamos de dolor físico nos referimos a un daño en los tejidos corporales, la sensación y magnitud difiere según la interpretación del cerebro. El dolor físico puede ser intenso y desagradable y puede aminorarse de dos formas: con el consumo de analgésicos, que es lo más común, y con la modificación de nuestros pensamientos, remedio utilizado por quienes conocen las bondades de la mente.

Cuando nos golpeamos en alguna parte del cuerpo, automáticamente nos frotamos o "sobamos" la parte afectada en busca de alivio, sucede porque los receptores y fibras nerviosas que transmiten el dolor están cerca de los que transportan las sensaciones táctiles placenteras y de calidez. La fricción activa las fibras que no reaccionan ante el dolor, ubicadas junto a las que sí lo hacen, las señales de dolor se bloquean aun antes de ser advertidas, pues sólo puede percibirse una sensación a la vez en la misma área corporal.

Los neurofisiólogos Patrick Wall y Ronald Melzack descubrieron, en los años sesenta, algo increíble: la competencia por la conciencia entre estímulos dolorosos y placenteros. Su teoría del "control de entrada" de dolor sugería la existencia de una "barrera" en la espina dorsal que admite una sensación a la vez. No obstante, estudios más recientes indican que, de hecho, el nivel de alerta del cuerpo genera el efecto de barrera.

Por otra parte, entre ambos hemisferios cerebrales se encuentra la corteza cingular, que alterna las sensaciones. Si se presenta alguna amenaza, desconecta los sensores de dolor en el cuerpo. Es una de las razones por la que los heridos en los campos de batalla no advierten la gravedad de sus lesiones, sus mentes están ocupadas en la situación extrema que viven. Es también la razón por la que 20 por ciento de las personas sometidas a alguna cirugía mayor sienten escaso o ningún dolor, horas o días después de la operación. A esto hay que añadir el poder de las endorfinas, químicos que son los analgésicos naturales del cuerpo. Estas sustancias ayudan aminorando el dolor porque incrementan la dopamina, químico cerebral que aumenta la sensación de bienestar.

También, el dolor generado por una pérdida puede ser físico, una sensación de vacío en el estómago o en donde se ubica el corazón. Puede manifestarse además como abatimiento, debilidad y falta de interés al perder la motivación. Así, el duelo conlleva varias sensaciones, algunas físicas, otras del alma. El umbral en este tipo de dolor varía de acuerdo con cada persona y cultura. Leí acerca de una tribu de África que cuando las mujeres dan a luz lo hacen de forma natural. Para ellas el nacimiento de un bebé no es "aliviarse" como en Occidente, sino algo tan sencillo como suspender sus actividades de cocinar o lavar la ropa en el río para dedicarse al alumbramiento. Después del nacimiento del nuevo ser, limpian al bebé, lo arropan y continúan con lo que estaban haciendo. No hay *baby shower* ni hospitalización ni visitas.

El umbral del dolor físico puede variar considerablemente cuando se trata de dolor por pérdida. Mucho tiene que ver el condicionamiento previo, físico y social, la formación y las creencias de cada uno en torno a la muerte, o el nivel de autoestima, que en su conjunto son determinantes en cómo se sobrelleva un rompimiento amoroso. Ahondaremos en ellos en el capítulo siguiente.

Factores
que determinan
la intensidad del dolor

Nunca se está más cerca de Dios
que en la aflicción,
que induce a la purificación del alma.

Lucio Anneo Séneca

Tras conversar con diversas personas que han vivido una pérdida (de amor, amistad, trabajo o muerte), llegué a la conclusión de que la intensidad y variedad de dolor depende de varios factores.

Costumbres y medio ambiente

Aun cuando en México celebramos el Día de Muertos, instalamos altares, hacemos pan y dulces alusivos a este suceso, y nos burlamos de él, lo cierto es que le tememos y mucho. Tendemos a manifestar un dolor tremendo a pesar de nuestras creencias religiosas. Sufrimos cuando el adiós sobreviene a nuestra vida y aún más cuando es por muerte.

Vivimos en un mundo mudable, en diez años avanzamos en tecnología más que en los últimos cincuenta. Los cambios son una constante tanto en las empresas como en las personas, somos seres cambiantes y el estado de comodidad ha hecho que la gente opte por lo desechable, incluye esto a las relaciones. La inestabilidad en las relaciones se ha incrementado; el índice de divorcios sigue a la alza, antes de casarse, una pareja de hoy "pone las cartas sobre la mesa": "¡Si no funciona, pues ni modo, cada quien con su vida!". ¿No crees que es un condicionamiento que se puede realizar al primer conflicto? Duele ver cómo evitamos el compromiso que requiere toda relación profunda. El dolor del adiós es cada vez más frecuente y no se puede obviar la influencia del medio.

El significado que le damos a la muerte varía según diversos factores, la mayoría culturales. Recuerdo una anécdota compartida por el Dr. Harold S. Kushner en su libro *Cuando nada te basta*, también autor de *Cuando la gente buena sufre*, que publicó con el fin de superar la muerte de su hijo, quien falleció a los tres años a causa de una rara enfermedad. Comparte, en el primer libro al que hago alusión, una experiencia que tuvo con un líder religioso hindú: "Decía que a ellos nos se les enseña a negar el dolor, sino a superarlo. Así, cuando él (el hindú) padece un gran sufrimiento, se dice: 'No permitiré que esto me afecte. Experimentaré lo peor que pueda pasarme, pero lo superaré. Aprenderé el arte de la insensibilidad para trascender al dolor'". Todos hemos visto fotos de hindúes que caminan sobre brasas ardientes o se acuestan sobre camas de clavos, pues hacen con el cuerpo lo que hacen con el alma: enseñarle a no sentir dolor. El dolor es real, pero no los afecta. El doctor Kushner se sorprendió mucho más con lo que su amigo hindú le dijo en relación con el dolor por la muerte de su hijo: "Qué suerte tienes de haber perdido a un hijo siendo tú tan joven. Esto te permite aprender a triunfar sobre la pena y el sufrimiento. A la mayoría de las personas no se le presenta una oportunidad semejante hasta muchos años después". Y prosiguió: "La muerte de un ser humano no es algo trágico. Su alma retorna a la gran corriente de la vida, como una gota vuelve al mar, que fue su origen. La muerte no causa sufrimiento", dijo, "por el contrario, la vida es dolorosa puesto que el solo hecho de vivir nos vuelve vulnerables". Y concluyó: "Si bien eres un hombre inteligente, un buen escritor, todavía te falta aprender la mayor de las verdades: en este mundo, los únicos que sufren son los que desean cosas que no pueden tener. Cuando hayas aprendido a no desear, habrás dominado al sufrimiento".

Obviamente, la incredulidad del Dr. Kushner y la mía al transcribir es enorme. Sin embargo, a esas costumbres me refiero. Sería imposible enumerar cómo la cultura y las costumbres de cada pueblo, convierten el adiós en algo muy diferente. Nos alarmamos y sorprendimos de lo que significó la muerte para quienes causaron tanto dolor en los atentados terroristas sufridos en los Estados Unidos, y de lo cual prefiero no hacer más comentarios. Claro que el significado del dolor puede variar dependiendo de los valores y costumbres.

Autoestima

Aunque sea una frase trillada, es conveniente considerar que "nadie da lo que no tiene". Sabemos que cuando se trata del adiós, se sufre y se sufre mucho, y más se manifiesta ese sufrimiento en quien carece de una base sólida fundamentada en el amor hacia sí mismo. La autoestima debe alimentarse diariamente, iniciando con las pequeñas cosas de la vida: sentirse único e irrepetible, recordar que se es un ser amado por Dios aun antes de nacer y que, como tal, merece ser feliz, ser consciente del valor personal y de que cada uno está predestinado a ser feliz con lo que tiene y como es. No es mi afán dar una cátedra de motivación vacía, es verdad. Cuando alguien se siente menos, es propenso a que cualquier viento en contra lo haga naufragar en el mar de las adversidades. No es igual enfrentar al enemigo cuando nos sentimos seguros y con armamento suficiente, que cuando el sentimiento de inferioridad nos domina.

La autoestima se promueve en lo simple, en lo cotidiano, por ejemplo, al aceptar los halagos que recibes (espero que lo hagas), porque no falta quien ante la expresión de reconocimiento, evite o rechace el "obsequio", externando sus defectos o asumiéndose no merecedor. La autoestima se fortalece cuando reconocemos nuestros éxitos, aciertos y cualidades, evitando enfocarse constantemente en los defectos y errores, y asumir que como seres humanos tenemos derecho a equivocarnos. Asimismo, la autoestima se incrementa cuando reconocemos, agradecemos y valoramos lo que tenemos y da sentido a nuestro existir.

Actitud mental positiva

Una persona que se encierra en sí misma y niega las emociones fuertes y dolorosas con el tiempo se derrumbará emocionalmente y estará propensa a sentir ansiedad, estallidos irracionales de ira y otros desahogos que pueden desencadenar algunos tipos de neurosis, incluso psicosis.

En el hemisferio izquierdo del cerebro se ubica la parte intelectual, analítica y de razonamiento; en el derecho, emocional y creativa. Nuestra respuesta primitiva, emocional al peligro, está controlada por el cerebro marginal y actúa en forma instintiva del mismo modo que los animales: al sentir peligro, huyen.

Los pensamientos desempeñan un papel fundamental en las emociones que experimentamos. Depende de lo que pensemos es lo que sentimos y según lo que sentimos es como actuamos. El desequilibrio puede surgir al querer manejar las emociones a nivel intelectual, racionalizándolas. Esto no siempre funciona. El grado de los sentimientos sí puede ser regulado, por medio de los pensamientos. Esto no significa que controlemos nuestras emociones reprimiéndolas y racionalizándolas, pero hay que reconocer que es de gran ayuda cambiar los pensamientos a través de enunciar frases positivas que nos hagan sentir mejor, y evitar aquellas que provoquen lo contrario, como: "¡Esto es terrible!"; "¡No puedo más!"; "¡Odio lo que sucedió: siento que me muero!". Son intensas y, por tanto, generan reacciones emocionales igual de fuertes. Al enunciar frases como: "¡Yo puedo!"; "Decido seguir adelante"; "Te perdono"; "Elijo seguir luchando", entre otras, determinamos cómo nos sentiremos.

Tuve la oportunidad de ver por televisión un reportaje en una serie especial transmitida por *The History Channel*, era sobre un circo estadounidense muy famoso, cuyo artista principal hacía alarde de su capacidad mental para controlar el dolor físico. El artista, Jim Rose, decía que se ganaba la vida sometiéndose a un dolor extremo, que cualquiera lo tildaría de loco y estrafalario. Su acto consiste en convertir su cuerpo en un tablero humano ¡de dardos! Al cuestionarle el entrevistador cómo evitaba el dolor, Rose explicó que era un proceso mental donde bloquea el dolor conscientemente, al imaginarse que se sumerge en una piscina de agua tibia y permanece allí donde todo es bonito, agradable y en calma. ¡No siente dolor! Al preguntarle si le dolería si en forma inesperada se golpeara el pie contra la base de la cama, Rose contestó rápidamente: "¡Claro que me dolería y mucho!, porque no estaría preparado". Mentalmente no se habría preparado ni habría imaginado su lugar de refugio. El proceder de este artista me hizo recordar la importancia de utilizar el mismo mecanismo para aminorar el dolor de pérdida.

Durante un duelo es conveniente tomar en cuenta los principios de la meditación para aminorar el dolor. Hay muchas y muy variadas técnicas, y con gusto te comparto algunas:

○ *Concéntrate en tu respiración.* Inhala larga y pausadamente, imaginando cómo entra y sale el aire de tus pulmones, los cuales no sólo sirven para oxigenarse, también son excelentes coadyuvantes para controlar las emociones.

○ *Visualización.* Imagínate en un lugar tranquilo, apacible y hermoso. Imagina que estás frente al mar en calma, en un río de aguas transparentes o en la cautivante cumbre de una montaña, deja que te transmitan paz y agradables sensaciones. La mente es capaz de llevarnos a los lugares más bellos jamás imaginados o a los lugares más lúgubres donde nos sintamos miserables y desvalorados. Utiliza tu mente para tu crecimiento, no para incrementar tu dolor. Visualiza y agradece lo bello que viviste con la persona que ya no está, los momentos felices que pasaste en ese lugar al que ya no perteneces. Recrear una y otra vez la escena de dolor y cuestionarte la ausencia no te llevarán a nada, sólo acrecentará e infectará la herida. Una visualización clara y contundente que te ayude a sentirte mejor y recordar que la mente siempre será tu mejor aliada cuando se trata de aminorar el dolor.

○ *Céntrate en una parte del cuerpo alejada del dolor.* Focaliza tu mente en la parte contraria a donde te duele. Si sientes esa opresión fuerte en tu pecho por la pérdida, concéntrate en la espalda. Si la sensación de dolor se manifiesta en la cabeza, atiende a los pies. Esta técnica se aplica también en dolores de origen físico, no originados por pérdida. Si funcionan para eso, ¿no es lógico que funcionen para aminorar el dolor ocasionado por una pérdida? Sucede cuando te enfocas en actividades que te evoquen otras emociones. Quien vive un duelo puede optar por ocupar su mente en el trabajo o en el ejercicio o aceptando visitas de personas que le distraigan y le ayuden a recordar otros sucesos. En una pérdida amorosa es fundamental, ya que es cuando se aplica el dicho: "Un clavo saca a otro clavo". ¿Será?

○ *Terapia del adiós.* Si el sufrimiento por la pérdida es tan intenso que imposibilita concentrarse en otra cosa, los psicólogos recomiendan la "terapia del adiós", que consiste en imaginar a quien se ha ido y expresarle sus sentimientos ante su partida. Decirle y, si es necesario reprocharle, imaginariamente, todo lo que el interior te dicte. Es dolorosa pero efectiva.

Pocas veces he padecido de migraña y no olvido la última, como tampoco olvido la recomendación que me hizo un buen amigo médico naturista: "Cierra los ojos y convierte el dolor en algo tangible, algo con forma, calcula sus dimensiones. Cuando su aspecto se vuelva patente, envuélvelo en un papel marrón y átalo". Claro que en ese momento pensé: "¡Ah, ya lo perdimos!". No al dolor, sino al doctor en cuestión, sinceramente no le creí de buenas a primeras. "Después de atarlo", me dijo, "imagina que quitas ese 'paquete' de tu cuerpo y lo pones lejos de ti. Colócalo en el suelo y aléjate de él". Quizá no lo creas, pero ¡funcionó! Bueno, la verdad tengo la duda si fue eso o la aspirina que me tomé minutos antes. Prefiero pensar que fue lo primero.

Probablemente estos "tips" de control mental te parezcan demasiado simples para ser efectivos, sin embargo, mucho tienen que ver con la sensaciones que percibimos, considerando que un pensamiento siempre ocasiona un sentimiento y que un sentimiento siempre ocasiona una acción.

No puedo ni quiero olvidar uno de los libros que más han influido positivamente en mi vida: *El hombre en busca de sentido.* Su autor, el doctor Victor Frankl, plasma sus vivencias y aprendizajes tras haber sido privado injustamente de su libertad en un campo de concentración durante la Segunda Guerra Mundial, junto con otros millones de judíos. El régimen de Hittler le quitó prácticamente todo: esposa, casa, consulta médica como psiquiatra y sus posesiones materiales.

Sufrió las peores vejaciones que puede padecer un ser humano y vio cómo muchos hombres se suicidaban, mientras otros perdían la voluntad de vivir, se rendían y morían. El doctor Frankl escribió después que en medio de toda esa brutalidad y sufrimiento, lo que más le dolía era escuchar a sus compañeros de prisión afirmar que no les quedaba nada por qué vivir, y optaban por renunciar.

Ante esto decidió encontrar algo que tuviera y que los nazis no pudieran quitarle, algo lo suficientemente importante como para mantener firme su voluntad de vivir. Entonces encontró que había una cosa que nadie podría quitarle: la capacidad de elegir la actitud que asumiría ante los hechos. Victor Frankl no sólo sobrevivió a las atrocidades de este infierno, sino que, al salir, se convirtió en uno de los psiquiatras más respetados del mundo. Ayudó a miles de personas que estaban a punto de rendirse y renunciar, al manifestar que todos tenemos que encontrar sentido y significado a la vida.

Él sostenía que la capacidad de elegir su actitud ante cualquier circunstancia es la "última de las libertades humanas". Mencionó que incluso en el campo de concentración siempre hubo elecciones para tomar. "Cada día, cada hora ofrecía la oportunidad de tomar una decisión, una opción que decidía si uno se sometía o no a esos poderes que amenazaban con robarle su propio yo, su libertad interior".

"Sin duda esto fue lo que más me ha ayudado a sobrellevar las crisis cuando no puedo cambiar mis circunstancias. Podemos convertirnos en víctimas de todo lo que nos sucede o podemos vencerlo. Podemos renunciar a nuestra libertad y dignidad, y permitir que nuestras circunstancias nos moldeen o elegir nuestra propia actitud y elevarnos por encima de ellas. La clave está en saber que aquello en que nos convertimos es el efecto de la decisión que tomemos".

Por supuesto que la actitud es la elección o decisión más importante que jamás tomaremos, porque impacta todo lo que hacemos en la vida. Hay investigaciones realizadas en la Universidad de Harvard que demuestran que la actitud es mucho más importante que la inteligencia, la educación, un talento especial o la suerte. Los resultados arrojan cifras impresionantes: 85 por ciento de nuestro éxito es consecuencia de la actitud, mientras que 15 por ciento de la capacidad. Como lo dijo William James, uno de los psicólogos estadounidenses más renombrados: "El mayor descubrimiento de mi generación, es que los seres humanos pueden alterar sus vidas si alteran sus actitudes". Recuerda que no es lo que te pasa lo que te afecta, sino cómo reaccionas ante ello.

Formación espiritual

Creo que coincidiremos en que formar parte de alguna comunidad religiosa no implica que se tenga formación y desarrollo espiritual. Hay personas que pregonan ser católicas, pero jamás asisten a una iglesia y mucho menos acatan los mandamientos establecidos. Son creyentes, no practicantes. Dicen tener una religión, pero su crecimiento espiritual es débil, quebradizo. También hay quienes, sin apegarse a alguna religión, han tenido un desarrollo espiritual sólido, que les ayuda a normar sus actos y les facilita superar una aflicción. Hay quienes por alguna circunstancia practican su doctrina, engrandecen su fe en sus propios hogares, en el campo, en la montaña, en el lugar donde se encuentren. Somos seres espirituales, de nosotros depende hacer sólida nuestra espiritualidad y exponerla a través de nuestros actos. No somos sólo cuerpo y mente; un soplo de Dios nos dio el espíritu y la sensibilidad para percibir lo mismo en nuestros semejantes. Si nuestra vida se sustenta en inquebrantables valores espirituales, será más sencillo experimentar momentos de serenidad, amor, sensibilidad y empatía. La fortaleza de nuestro espíritu actúa también como bálsamo calmante cuando estamos en medio de una aflicción por la pérdida de alguien amado, y está siempre alerta para enfrentar la adversidad.

Quienes pertenecemos a una religión y la practicamos, encontraremos en ella la fortaleza para salir adelante del infortunio. Cuando se cree que existe un Ser Supremo que no permitirá nunca un dolor más intenso del que podamos soportar, nuestra fe nos ayuda a vencerlo, porque la fe nos fortalece. Cuanto más intenso es el dolor, con más fuerza debemos abrazar nuestra fe.

Para quienes nos consideramos cristianos, la muerte no debería ser motivo de duelo, porque no es la pérdida de la vida, sino el tránsito a la vida eterna prometida por Jesús. Es la partida a ese lugar donde no hay más lágrimas, sufrimiento y dolor. Él prometió la vida eterna. A diferencia de Oriente, en Occidente celebramos el nacimiento de un nuevo ser y no la partida. En Oriente, se celebra la partida porque tienen la certeza de que la persona estará en un lugar mejor. La fe nos fortalece. Y cuando hay dolor es cuando más debemos abrazarla.

Cuando atravesamos un trance doloroso, aceptar ayuda de quienes tienen nuestras mismas creencias nos inspira confianza y nos ayuda a aceptar la idea de que todo lo que nos acontece pasará, y que siempre habrá algo más por qué luchar o qué esperar. No sólo en relación con la muerte, sino con cualquier tipo de pérdida, ya sea amorosa, laboral, de amistad o material.

Una mujer me confió que encontró a Dios precisamente a raíz de una ruptura amorosa. Sufría de un dolor intenso, pues, además, la ruptura sucedió entre humillaciones y agresividad. Durante los años previos al suceso, ella buscaba crecer como mujer, algo que le ayudara a encontrar el significado de su vida y a sentir, sobre todo, una relación con Dios. Sus esfuerzos por apegarse a alguna religión fueron inútiles, entre más conocía de ellas más adversas le resultaban y le sobraban motivos para rechazarlas. "Así fue que después de múltiples reclamaciones y desavenencias, mi pareja me pidió que no volviera a verlo", continuó, "ya no sentía motivos para vivir. Tuve que tocar fondo para impulsarme y salir adelante". La oportuna y venturosa intervención de su hermana le ayudó a sobreponerse de esa infortunada etapa de su vida. Fue ella quien le habló de Dios, quien le abrió los ojos y le hizo ver que siempre encontraremos en Él la confianza y la paz que mitigan el dolor. La fe es la mejor arma contra la adversidad.

Hay quienes se sienten tan perdidos que su incredulidad espiritual les hace negarse la esperanza para sí mismos: "Siempre he sido un pecador", piensan, "¿cómo va a haber un Dios dispuesto a ayudarme?". Esa idea la he escuchado incansablemente, surge en quienes no se han acercado a ninguna religión, su comportamiento en la vida ha sido desviado hacia lo que consideran "malo" y se mantienen alejados de Dios porque no lo conocen; nunca lo han buscado.

La duda de recibir o no ayuda divina en nuestras aflicciones puede asaltarnos a todos, sobre todo cuando nuestra fe no es firme. Podemos reconocerla cuando nos toca sufrir la pérdida de un ser querido. Nos parecerá que lo que nos sucede no es justo; que no merecemos ese sufrimiento: "¿Por qué me quitó Dios a quien tanto amaba y tanto me quería?". El reclamo por lo que consideramos una injusticia surge de la creencia de que sólo a nosotros nos pasa. Hay quienes piensan que es un "castigo divino". Otros dicen acongojados: "Dios se ha olvidado de mí". Cuando sintamos que estamos perdidos, que no somos escuchados debemos levantar los ojos al cielo y pedir a Dios resignación para afrontar el dolor y sabiduría para tratar de comprender sus decisiones.

Si hoy nada empaña tu tranquilidad, estás en paz y armonía contigo mismo, leyendo este libro; si no sientes ninguna aflicción o pena por algo, es momento para alimentar tu espíritu con el pensamiento en Dios. En medicina decimos que la prevención ayuda a protegernos contra la enfermedad. En lo espiritual, la oración es la mejor prevención para las enfermedades del alma.

Así como el ejercicio es una magnífica prevención de todo tipo de enfermedades, y el ejercitarnos periódicamente ayuda a mantenernos saludables, también el espíritu necesita ser ejercitado: ¿en qué crees? Pide luz para tu entendimiento. ¿En qué tienes basada tu fe? Analiza, profundiza en quién eres y por qué existes, cómo estás hecho, en quién hizo el mundo que te rodea. Las respuestas fortalecerán tu vida para enfrentar la adversidad y el dolor cuando toquen a tu puerta.

Una persona con fe no ve la muerte como el fin, cree que el alma de quien muere no se extingue, sino que va a otro lugar donde, tarde o temprano, se reencontrarán. Tener fe es tener fortaleza y, para conservarla, es necesario buscar apoyo espiritual de forma constante y no sólo cuando nos agobia alguna adversidad, alguna pena. Una persona con fe sólida se reconoce fácilmente porque tiene a Dios como el centro de su vida y lo demuestra con sus actitudes, forma de ver la vida y de aceptar lo que no puede cambiar.

Viene a mi memoria una entrevista radiofónica que realicé a varias madres de familia un 9 de mayo. Fue el programa que más me impactó por la calidad moral de las personas que entrevisté y las historias que compartieron. Era víspera del 10 de mayo, día de las madres, y decidí invitar a las mamás que habían perdido un hijo. Sin duda, la alegría en ese día se ve empañada por el recuerdo doloroso de la pérdida, uno de los más intensos que puede sufrir un ser humano. En el programa tuve la oportunidad de conocer el sentimiento de tres madres con ese común denominador. Una de ellas lo perdió a los pocos días de nacido, otra perdió a su hijo de doce años cuando falleció a causa de la leucemia; la última, padeció la muerte de su hija de dieciséis años que fue asesinada brutalmente por un vecino de la misma edad. Aún recuerdo que este hecho conmocionó a Monterrey por la saña y sangre fría con la que el joven cometió el crimen y sepultó a su víctima en el patio de su casa.

A través del programa, y conforme escuchaba las trágicas vivencias de esas mujeres, experimenté una serie de emociones de solidaridad con su dolor, compasión, ternura e impotencia. La que perdió a su bebé a los pocos días de nacido mantenía su duelo no obstante haber transcurrido varios años, y no comprendía por qué Dios le había enviado ese dolor, si había esperado ese hijo con tanta ilusión. La madre que perdió a su hijo por enfermedad dijo que había encontrado paz en su corazón, pero enfatizó en que la pena por la pérdida de un hijo es un dolor que nunca se supera: "Siempre está ese dolor aquí, en el corazón, y hay que aprender a sobrellevarlo", dijo, "nunca se supera completamente, pero aprendes a vivir con él". La entrevista con la madre cuya hija fue asesinada fue para mí todo un reto por lo delicado del tema. Mis preguntas se enfocaron a cómo una madre, médico de profesión, podría superar el sufrimiento por el asesinato tan cruel de una hija. La doctora nos fue narrando lo que para su familia significaba haber perdido a una hija tan amada, tan llena de valores y principios cristianos, que siempre los acompañaba en los cultos de su iglesia; una estudiante con excelentes calificaciones, una muchacha que irradiaba alegría a su paso; una hija buena, noble, incapaz de causar daño a nadie. "Su muerte", expresó, "fue una injusticia; algo que no debió suceder".

Recuerdo que durante la entrevista le pregunté: "Doctora, ¿algún día podrá perdonar a quien le arrebató la vida a su hija?". Mi entrevistada me miró fijamente y me dijo: "Doctor, desde el momento en que supe que mi hijita estaba muerta y la forma en que sucedió, perdoné al agresor. Desde que vi el cuerpo inerte de mi niña, tan dañado por la agresividad de alguien que fue tentado por el maligno, inicié mi proceso de perdón". En ese momento se hizo un profundo silencio en el estudio. Nadie podía articular palabra. Las otras dos madres mostraron asombro en sus caras ante la afirmación.

Repuesto de mi estupor, le dije: "Discúlpeme, pero es difícil para mí creer que pueda haber perdonado a quien asesinó a su hijita". Palabras más o menos, contestó: "Yo lo sé, pero no se trata de que la gente crea si lo perdoné o no. Lo siento en el fondo de mi corazón y mi Dios lo sabe". Siguió diciendo: "Si el maligno lo que quería era que el odio reinara en mí y en mi familia, no lo voy a permitir. El daño fue tremendo. Nuestra hijita no está más con nosotros, su ausencia nos duele mucho, pero nuestra fe nos reconforta. Sabemos que todo lo que sucede tiene una razón". Acabando de decir eso, la doctora abrió una Biblia que llevaba, de entre sus páginas sacó una foto del asesino de su hija y expresó: "Doctor César: todos los días pido por este muchacho. Todos los días le pido a Dios que cambie su corazón. Que lo llene de bondad y paz". Ése fue un momento inolvidable; era imposible no asombrarse por la actitud y madurez de esa madre que en vez de sentir rencor, era capaz de orar por quien le arrebató el tesoro más preciado de su vida. ¿Saben ustedes qué hay detrás de esa mujer? Años de vivir su fe a través de su religión cristiana, de acudir a un templo y recibir la enseñanza de vivir en el amor y aceptar a Cristo como su Dios y Salvador.

Si no tenemos una formación espiritual sólida en la fe, nos será difícil aceptar esa misericordiosa decisión, esa nobleza de pensamiento, esa fortaleza que tanto necesitamos cuando nos agobia el dolor. No es fácil resignarse cuando se pierde a alguien, y menos en forma inesperada e injusta, pero será más llevadero el dolor si tenemos una fe fuerte en la que hay un Dios siempre dispuesto a consolarnos durante nuestra aflicción. No debemos dudar en que nos escucha cuando le hablamos, en que siempre saldrá a nuestro encuentro si lo buscamos.

Hace tiempo recibí un correo electrónico que me ayudó a recordar lo fuerte que puede ser la fe y que se relaciona con la leyenda del rito de transición de los indios Cherokee:

El padre lleva al bosque a su hijo con los ojos vendados y le deja solo. Él tiene la obligación de sentarse en un tronco toda la noche y no quitarse la venda hasta que los rayos del sol brillan en la mañana. No puede pedir auxilio. Cuando sobrevive la noche, ya es un hombre.

Después, no puede platicarle a los otros muchachos sobre la experiencia, pues cada chico debe entrar en la masculinidad por su cuenta. El niño está naturalmente aterrorizado, escucha, durante el proceso, toda clase de ruidos: bestias salvajes que rondan a su alrededor. Incluso algún humano le puede hacer daño. Escucha el viento soplar y la hierba crujir; sin embargo, permanece sentado estoicamente en el tronco, sin quitarse la venda, es la única manera de convertirse en hombre.

Por último, después de una horrible noche, el sol aparece y al quitarse la venda, descubre a su padre sentado junto a él, lo veló toda la noche para protegerlo del peligro.

Del mismo modo, nosotros nunca estamos solos. Aun cuando no lo veamos, nuestro Padre Celestial vela sentado en un tronco, a nuestro lado. Por eso, ante los problemas sólo necesitamos confiar en Él.

Si hoy sufres, ¡búscalo! Recurre a Él. Te ama por lo que eres y te dará la fortaleza que necesitas. Sólo hay que tener fe. Haz la prueba.

La fuerza
de la costumbre

Nada es tan fuerte como la costumbre.

Epicuro de Samos

Nos acostumbramos a las cosas, a los bienes materiales y a las personas. Nos acostumbramos a vivir con aquello que nos da comodidad. En el terreno sentimental, nos acostumbramos a compartir la vida con alguien, aunque no exista amor o afecto. Es más fácil acostumbrarnos a vivir con lo que tenemos, que prescindir de ello. Nos afecta sentir que nos despojamos de algo, el "no tener". La costumbre nos lleva a aferrarnos a las cosas y a las personas. Nos volvemos dependientes, sentimos que si perdemos aquello que nos da comodidad o divertimiento no podemos ser felices, cuando muchas veces es lo que nos lo impide.

Mentiría, y me expondría a la crítica, si afirmara, por ejemplo, que las cosas materiales no importan. ¡Claro que importan! De hecho, retaría a quien lo niegue, pidiéndole que salga desnudo a la calle; por un lado, se vería afectado por el clima, por el otro, por la burla y el reproche ante la falta de moralidad.

Todos tenemos la oportunidad de poseer, de hacernos de artículos que nos faciliten la existencia y que nos ayuden a sentirnos parte de un mundo que, desafortunadamente, peca cada vez más por la preferencia y el exceso de lo material. Vivimos en un mundo en el que se nos valora por el "cuánto tienes, cuánto vales". Somos bombardeados continuamente con mensajes y ofertas para que consumamos ese artículo que "nos hará la vida más placentera"; ese aparato que, si llamamos en ese momento, será nuestro con un descuento muy especial, ¡de 10 por ciento!, y recalcando que es una "¡oferta única e irrepetible!". Lo peor del asunto es que venden cosas que no necesitamos, pero como es una "oferta" caemos redonditos. Debo aclarar que los medios informativos y comerciales cumplen con su misión de ofrecer, de vender. El problema está en nosotros que no analizamos si necesitamos lo que nos ofrecen.

Sé de muchas personas que no se resisten a la necesidad de comprar, de tener todo aquello que ven anunciado y que, a base de la repetición generan una necesidad. Terminan convencidos de que siempre lo habían necesitado, aunque no lo sabían. Aclaremos: lo malo no es tener, sino tratar de tener lo que no necesitamos, aunque luego tengamos que prescindir de lo que sí nos hace falta.

Mucha gente acostumbra salir de compras para calmar su depresión, para aumentar su autoestima, pero abusan del tratamiento y con frecuencia se deprimen voluntariamente si no calman su compulsión por comprar algo, lo que sea.

Hace tiempo conocí a Sara, una mujer que afirmaba que el hecho de salir y comprar algo le ayudaba a sobrellevar los múltiples problemas que hacía años tenía con su esposo e hijos: "Simplemente invierto en algo para mí", decía, "para sentir que me quiero. Comprar me da la sensación de que valgo mucho y eso me hace sentir muy bien". Estoy seguro de que todos hemos experimentado esa sensación. Y es justo cuando caemos en un círculo vicioso: nos acostumbramos a comprar y comprar para llenar un vacío que, finalmente, no es cubierto por lo material. Seguramente conoces a alguien que utiliza con frecuencia este tipo de "terapia" para calmar sus problemas y cubrir el hueco, alguien que disfruta tener cosas nuevas aunque no las necesite. Debo aceptar que lo he hecho en algún momento de mi vida, con el fin de llenar algún vacío, jamás lo logré.

Actualmente vivimos la disyuntiva entre tener o ser. Tener, tener y tener. Almacenar cosas y más cosas hasta darnos cuenta que eso no nos llena. No sólo compramos lo necesario para vivir y sentirnos bien, compramos estatus, estilo de vida, moda. Compramos para satisfacer el ego; muchas veces a costa de nuestro buen crédito o sacrificando lo necesario, hasta descubrirnos en la vorágine del círculo vicioso que no tiene fin. La "terapia" refleja vacío existencial, importa tener y no emprender acciones para lograr lo que queremos ser: a dónde vamos y qué anhelamos, para qué estamos en este mundo y qué queremos de él. Para superar esta forma de vida es necesario tener un encuentro con nosotros mismos, que nos quite de la mente que con tener y tener seremos mejores, más importantes y aceptados.

Profesar una doctrina religiosa es bueno, la que sea, pero profesarla. Todas las religiones están encaminadas al encuentro con Dios, son afortunados quienes a través de ella, además, se encuentran a sí mismos. Al lograrlo, le encuentran sentido a la vida y claridad en torno a lo que necesitan hacer en ella para beneficio suyo y del de sus semejantes. Sin embargo, el entorno y el acelere en que vivimos provocan que algunos pierdan el rumbo y no abandonen una rutina destructiva.

Si eres uno de esos afortunados, observarás cómo hasta las personas de tu círculo familiar, te exhortarán a "abrir los ojos a la realidad", te insinuarán que vuelvas a la idea de que para ser, necesitas tener. Lo aconsejable es vivir tu religión y fomentar tu espiritualidad para tener el encuentro con Dios en todo lo que haces, poner amor en todo lo que realizas y respetar la forma de pensar y de ser de quienes te rodean. Aferrarnos a los bienes materiales y al pensamiento de que nuestra existencia y tranquilidad depende de ellos o de la presencia o ausencia de determinada persona nos hace débiles, inseguros y dependientes. Hay quienes piensan: "Si no te tengo a mi lado, mi vida no tiene sentido"; "Si me dejas, moriría de pesar"; "Si perdiera mi trabajo, me sentiría arruinado"; "Si te mueres, me muero contigo". Expresiones que son sólo eso, expresiones. Cierto es que a veces el amor es complicado. Es difícil mandar en el corazón, cuando el corazón es quien gobierna la razón.

¿Sabes por qué nos acostumbramos a la gente con facilidad? Porque desde pequeños "condicionaron" nuestra felicidad a depender de ser y sentirnos aceptados por los demás: padres, hermanos, maestros, amigos, compañeros de trabajo y demás personas que consideramos importantes en nuestra vida. Por nuestros padres, porque en el proceso de aprendizaje seremos hijos buenos si obedecemos y hacemos lo que se nos pide, lo que se nos ordena. Seremos hijos malos si vamos en contra de las reglas familiares y de lo que la sociedad considera conveniente.

Eso de los condicionamientos me recuerda una investigación realizada con pulgas, peces y elefantes. Los investigadores colocaron en un recipiente pulgas saltarinas y les pusieron un techo de vidrio a cinco centímetros de la base. Por un tiempo, las pulgas saltaban y pegaban contra el vidrio. Luego les retiraron el vidrio ¿y qué sucedió? Las pulgas nunca saltaron más arriba de los cinco centímetros ni aun estando libres. Quedaron "condicionadas". En el experimento con los peces, un pez saciaba su hambre comiéndose a los pececitos que se encontraban en la misma pecera. Los pusieron en una pecera en la que un vidrio separaba al pez de los demás peces pequeños, de tal forma que cuando quería darse un banquete pegaba su boca contra el vidrio y no lograba su objetivo. Así los tuvieron por un tiempo hasta que retiraron el vidrio divisorio, ¿y qué pasó? Que el pez grande jamás trató de pasar al otro lado de la pecera y los peces pequeños ¡de tarugos intentarían pasar al suyo! Todos fueron condicionados. Los elefantes de circo también están condicionados. Estoy seguro que tienen la fuerza suficiente como para soltarse de los grilletes con cadenas que les ponen en las patas. ¿Por qué no lo hacen? Porque desde pequeños fueron sujetados y entonces no tenían la fuerza suficiente para soltarse y siendo adultos ni siquiera lo intentan.

¿Cuántas condiciones se nos graban a lo largo de la vida? Condiciones que nosotros mismos nos ponemos para alcanzar la satisfacción, ya sea por el acaparamiento de bienes materiales, la práctica de costumbres o estar supeditados a personas que nada aportan a nuestra paz y felicidad. Condicionamientos que nos impiden ser. Para sacudirnos de ellos es necesario: enumerar y analizar a qué o a quién estamos acostumbrados al grado que nos impide crecer y ser. Qué bienes materiales y qué costumbres nos estorban. De quiénes debemos y podemos prescindir tanto física como afectivamente. Quiénes están a nuestro lado para beneficio u obstaculizan el logro de lo que anhelamos ser y hacer. Para eso es necesario tener tiempo para nosotros mismos, para meditar, planear y hacer lo necesario, sin resistencia al cambio.

Es fácil acostumbrarse al dolor y al sufrimiento. Por eso quiero compartir esta excelente reflexión que estoy seguro contribuirá enormemente a evitar ser esclavos del dolor:

¿De qué eres esclavo? ¿De las heridas que recibiste cuando eras pequeño? ¿De tus traumas de la infancia? ¿De lo que alguien más decidió que fueras? ¿De una relación que no te satisface? ¿De un trabajo que no disfrutas? ¿De la rutina de tu vida?

¡Ya libérate! ¡Tira ya ese costal que llevas en la espalda, en él guardas el resentimiento, el rencor y la culpa! Deja ya de culpar a otros y a tu pasado por lo que no marcha bien en tu vida. Cada día tienes la oportunidad de empezar otra vez. Cada mañana, al abrir los ojos, naces de nuevo, recibes otra oportunidad para cambiar lo que no te gusta y para mejorar tu vida. La responsabilidad es toda tuya. Tu felicidad no depende de tus padres, de tu pareja, de tus amigos, de tu pasado, depende sólo de ti.

¿Qué es lo que te tiene paralizado?, ¿el miedo al rechazo?, ¿al éxito?, ¿al fracaso?, ¿al qué dirán?, ¿a la crítica?, ¿a cometer errores?, ¿a estar solo?

¡Rompe ya las cadenas que tú mismo te has impuesto! A lo único que le debes tener miedo es a no ser tú mismo, a dejar pasar tu vida sin hacer lo que quieres, a desaprovechar la oportunidad de mostrarte a otros, de decir lo que piensas, de compartir lo que tienes. Tú eres parte de la vida y, como todos, puedes caminar con la frente en alto. Los errores del pasado ya han sido olvidados y los errores del futuro serán perdonados. Date cuenta de que nadie lleva un registro de tus faltas, sólo tú mismo. Ese juez que te reprocha, ese verdugo que te castiga, ese mal amigo que siempre te critica ¡eres tú mismo! Ya déjate en paz, ya perdónate, sólo tú puedes lograrlo.

¿Cuando vas a demostrar tu amor a tus seres queridos? ¿Cuando te queden unos minutos de vida? ¿Cuando les resten unos minutos a ellos?

El amor que no demuestres hoy se perderá para siempre. Recuerda que la vida es tan corta y frágil que no tenemos tiempo que perder en rencores y estúpidas discusiones. Hoy es el día de perdonar las ofensas del pasado y de arreglar las viejas rencillas. Entrégate a los que amas sin esperar cambiarlos, acéptalos tal como son y respeta el don más valioso que han recibido: su libertad.

Disfruta de tus relaciones sin hacer dramas. Si pretendes que todos hagan lo que tú quieres o que sean como tú has decidido, o deseas controlar a los que te rodean, llenarás tu vida de conflictos. Permite a otros que tomen sus propias decisiones como has de tomar las tuyas, tratando siempre de lograr lo que es mejor para todos. Así podrás llenar tu vida de armonía.

Y por último, ¿qué estás esperando para empezar a disfrutar de tu vida? ¿Que se arreglen todos tus problemas? ¿Que se te quiten todos tus traumas? ¿Que por fin alguien reconozca tu valía? ¿Que llegue el amor de tu vida o regrese el que se fue? ¿Que todo te salga como tú quieres? ¿Que se acabe la crisis económica? ¿Que te suceda un milagro? ¿Que por arte de magia todo sea hermoso y perfecto?

¡Despierta ya, hermano! ¡Despierta ya, hermana! ¡Ésta es la vida! La vida no es lo que sucede cuando todos tus planes se cumplen ni lo que pasará cuado tengas eso que tanto deseas. La vida es lo que está pasando en este preciso instante. Tu vida en este momento es leer este párrafo donde quiera que lo estés haciendo y con las circunstancias que te rodean ahora. En este momento tu corazón lleva sangre a todas las células de tu cuerpo y tus pulmones mandan oxígeno a donde se necesita. En este momento algo que no podemos comprender te mantiene vivo y te permite ver, pensar, expresarte, moverte, reír, ¡hasta llorar si quieres!

No te acostumbres a la vida. No te acostumbres a despertar todos los días y a permanecer aburrido o malhumorado o preocupado. Abre tus ojos y agradece toda la abundancia que puedes ver, agradece tu capacidad de oír el canto de los pájaros, tu música preferida, la risa de tus hijitos. Pon tus manos en tu pecho y siente tu corazón latir con fuerza diciéndote: "Estás vivo, estás vivo, estás vivo".

Yo sé que la vida no es perfecta, que está llena de situaciones difíciles. Tal vez así es como se supone que sea. Tal vez por eso se te han brindado todas las herramientas que necesitas para enfrentarla: una gran fortaleza para soportar las pérdidas; la libertad de elegir cómo reaccionar ante lo que sucede; principalmente, el apoyo y el amor de tus seres queridos.

Sé también que tú no eres perfecto, nadie lo es. Y sin embargo, millones de circunstancias se han reunido para que existas. Fuiste formado a partir de un diseño maravilloso y compartes con toda la humanidad sus virtudes y defectos. Así está escrito en tus genes, en los genes de todos los seres humanos que han existido y que existirán.

Tus pasiones, tus miedos, tus heridas, tus debilidades, tus secretos y tu agresión, los compartes con todos tus hermanos. ¡Bienvenido a la raza humana! Esos supuestos defectos son parte de tu libertad y de tu humanidad.

Si te preguntas ¿quién soy yo para decirte todo esto?, te contestaré que no soy nadie. Soy simplemente una versión diferente de lo que tú eres. Otro ser humano más entre miles de millones, pero uno que ha decidido ser libre y recuperar todo el poder de su vida… Espero que tú también decidas hacerlo.

Este capítulo se inspiró en el libro *El Esclavo*, de Francisco J. Ángel Real.

Las fases
del duelo

Es imposible que un suceso tan natural,
tan necesario y tan universal como la muerte,
haya sido destinado a la humanidad,
por la Providencia, como un mal.

Jonathan Swift

E l cambio es parte de la vida. Las personas y sus emociones cambian; lo hacemos cuando logramos algo positivo,
cuando damos la bienvenida a un nuevo ser en la familia; también lo hacemos cuando un ser querido muere. Vivimos diversas circunstancias que nos hacen cambiar; no todo
será igual siempre. "Mi esposo ha cambiado tanto", me dijo
una señora mientras suspiraba con nostalgia, ella se negaba a
aceptar una realidad determinada por infinidad de variantes,
algunas controlables, otras no.

Es necesario conocer las razones que originan un cambio de actitud en nuestros seres cercanos, pues ignorarlo puede
dañar al círculo familiar, al grado de causar estrés e intranquili-
dad. Quien transita por un cambio necesita hacerse consciente

de ello, y, si lo sabe, compartirlo para poder afrontar la nueva situación que se generará.

Incluyo en este libro cinco etapas comunes a los seres humanos cuando sufrimos un cambio drástico en nuestra vida: la muerte de alguien que amamos; descenso de nivel en el trabajo o pérdida del mismo; temor a la soledad; depresión porque un hijo se va de casa; por mencionar algunas.

La doctora Elisabeth Kubler-Ross, psiquiatra que trabajó con pacientes con enfermedades terminales (es autora de tres libros: *La muerte: un amanecer; Sobre la muerte y los moribundos* y *La rueda de la vida*, supo desde joven que su misión era aliviar el sufrimiento humano, por ello se dedicó a dar tratamiento a enfermos terminales), a través de su trabajo, detectó cinco etapas fundamentales del proceso de duelo, mismo que se sufre en diferente forma e intensidad en cada una de las pérdidas que tenemos en la vida. Quiero compartirlas con el fin de que analices en qué etapa te encuentras; si estás viviendo un duelo por una pérdida, sin que esto quiera decir que estés obligado a transitarlas tal como se enuncia. Las etapas variaron en cada persona, así como su duración.

Negación

"¡Esto no puede pasarme! ¡Imposible, no puede ser!"; "¡Tiene que haber un error, he trabajado mucho!"; "Pero... ¿cómo?, ¡ayer estuvo conmigo!". Éstas y otras frases son las que expresamos durante la primera etapa donde la incredulidad y el asombro son la constante. Es una etapa de impacto donde la mente busca justificaciones para "no sentir". Es posible que quien viva la muerte de un familiar se niegue rotundamente a reconocer la realidad y no sienta el mínimo deseo de expresar con lágrimas su dolor, por ejemplo, durante un funeral.

Esa etapa es como un umbral para experimentar el cambio hacia una nueva situación en nuestra vida. Enfrentarnos a lo inesperado nos impacta: como la muerte de un niño, perder a alguien en un accidente o sufrir una traición en el amor. Son acontecimientos que, en principio, nos negamos a creer, que si persistimos en mantener dicha actitud, al cabo de seis semanas, será insostenible evadir la realidad, y es probable que derive en graves problemas emocionales como la depresión.

El psicólogo y escritor Carl Jung escribió: "Cada uno de nosotros se aleja gustosamente de sus problemas, si es posible no deben mencionarse, o mejor aún, negamos esa experiencia. Deseamos que nuestras vidas sean sencillas, seguras y tranquilas. Por esa razón, los problemas son tabú. La artificiosa negación de un problema no producirá convicción; por el contrario, se requiere una conciencia más extensa y más elevada para darnos la certidumbre y claridad que necesitamos".

Aceptar lo que no está en nosotros definir, aunque no podamos entender por qué, nos permitirá diluir nuestro dolor en el tiempo y transitar el duelo.

Enojo

Otra consecuencia de la pérdida es el enojo, por lo que nos sucede y contra quienes consideramos responsables. Si alguna vez sentimos abandono y desamparo, los dardos de nuestra furia irán directo a quien sentimos que nos lastimó. Cuando alguien querido muere, en realidad lloramos más por nosotros mismos que por quien se fue, lloramos porque nos quedamos sin su amor, porque nos sentimos desamparados, porque la ausencia nos causa dolor. Si murió por enfermedad, nuestra ceguera lanza culpas a todos lados: médicos, enfermeras, familiares, amigos y, en el colmo de esa desmedida cerrazón, hay quienes se atreven a culpar a Dios. Estoy seguro de que Dios no se siente lastimado porque lo culpemos en un momento tan difícil, no es un Dios vengativo que "tomará las medidas pertinentes para que subsanemos el agravio cometido". Dios es amor, por ello considero incorrecto creer que lo sucedido es su culpa.

Dice Harold Kushner que en momentos de ira es mejor "enojarnos con la situación, en lugar de con Dios o con nosotros mismos". Evitar arremeter, incluso, contra quienes podrían haberla impedido o están cerca de nosotros para ayudarnos. Enojarnos con nosotros mismos nos deprime e incapacita. Enojarnos con los demás fractura las relaciones y nos aleja de la posibilidad de sentirnos escuchados y apoyados. Enojarnos con Dios nos lleva a perder la esperanza en un momento crucial.

Cuando se trata de un rompimiento amoroso, el enojo de una persona herida puede llegar a descontrolarse al grado de llevarla a tomar decisiones de las que después se arrepentirá. ¡Vaya!, la emprenden hasta con las personas que hicieron que la otrora feliz pareja se conociera, porque piensan que lo hicieron para amargarles la vida. Como dije anteriormente, cuando están alterados los ánimos, es el peor momento para tomar decisiones.

Hay autores que manifiestan que lo más importante en la etapa de ira es reconocer el sentimiento. Aceptar que estamos molestos, furiosos, por lo que ocurrió. Enfatizan la búsqueda de canales de escape para controlar esa emoción con el fin de evitar que cause más daño a quien la sufre y a quienes están alrededor. Como las emociones reprimidas son acumulables, hay algunas técnicas para liberarlas, por ejemplo:

- Ve a un lugar privado o al campo si lo prefieres y ¡grita!; ¡vocifera!; ¡lanza maldiciones al aire! Di lo que quieras para desahogarte. Grita todo lo que sientes; expresa tu enojo como desees.
- Enciérrate en tu cuarto y golpea una almohada (no se te ocurra golpear la pared); rompe papeles, pero fíjate

que jamás vayas a necesitarlos, y nunca se te ocurra romper cartas o recuerdos, porque podrías arrepentirte.

○ La actividad física es otra valiosa herramienta para vivir esta etapa: caminar, correr, nadar. Ocúpate en algo provechoso pues como decía mi abuela: "¡La ociosidad es la madre de todos los vicios!". Y cuando se tiene una gran pena, se tiene a una mala compañía.

Recuerdo un día cuando llegué a quejarme amargamente a casa de mi abuela, porque una novia me mandó a volar. Me escuchó atentamente y cuando terminé de hablar me dijo enérgicamente: "¡Agarra esa escoba y ayúdame a barrer afuera!"; "¡Pero abuela", repliqué. "¿Qué no me escuchaste?" "¡Ando triste porque mi novia me mandó a volar!" "¡Claro que oí!", me contestó. "Por eso te digo, primero te pones a barrer y luego me ayudas a arreglar las cosas de la alacena!".

No estar ocioso es el mejor remedio contra el dolor y el enojo por los males de amores. ¿Te dijeron adiós? ¡Pues adiós y a otra cosa! Es preferible encausar la ira hacia alguna actividad positiva y productiva. Aprovechar la crisis para iniciar algo nuevo; ayudar a personas que están sufriendo crisis similares.

Sin embargo, no puedo evitar compartir lo siguiente. Leí un libro que me hizo reflexionar mucho sobre la presencia de la ira en nuestras vidas. Siempre he creído que esa emoción dañina tiene que canalizarse de alguna forma. En su libro más reciente, el líder budista Tenzin Gyatzo, decimocuarto Dalai Lama, afirma:

De acuerdo con una visión budista fundamental, la mente es esencialmente luminosa y conocedora. Por lo tanto, los problemas emocionales no forman parte de la mente; tales actitudes contraproducentes son temporales y superficiales y es posible eliminarlas.

Si emociones perturbadoras como la ira formaran parte intrínseca de la mente, ésta tendría que estar siempre enfadada. Éste no es, obviamente, el caso. Sólo nos enfadamos en circunstancias determinadas y cuando tales circunstancias no están presentes, tampoco lo está la ira.

¿Cuáles son las circunstancias que favorecen la aparición de la ira o el odio? Cuando nos enfadamos, el objeto de nuestra ira parece más desagradable de lo que es en realidad.

El odio no forma parte fundamental de la mente. Es una actitud sin fundamento legítimo. Sin embargo, el amor se fundamenta legítimamente en la verdad. Cuando, durante un largo periodo, una actitud que tiene un fundamento legítimo compite con una actitud que no lo tiene, la primera acaba venciendo a la segunda.

Por tanto, a medida que desarrollemos actitudes que contrarresten las emociones dañinas, éstas disminuirán y finalmente desaparecerán.

El amor es la fuerza más fuerte y liberadora que existe.

Negociación

Haz un trato contigo mismo para sobrellevar la nueva etapa que te corresponde vivir. Piensa cómo habrás de responder las preguntas que te formulas en relación con el cambio que implica la pérdida de un ser significativo para ti: "¿Qué puedo o qué tengo que hacer ahora que no está? ¿A qué puedo dedicar mi tiempo? ¿Hay algo bueno que extraer de esto?" Esa negociación contigo mismo puede encauzarse hacia un rumbo favorable cuando se sustenta en tus fortalezas y buscas los elementos positivos de la situación. Te tomas una tregua ante el dolor para decidir lo que tienes que hacer y lo que no puedes realizar porque no depende de ti.

Conozco personas que, después de sufrir una ruptura amorosa, se rebelan a vivir lamentándose y abren su mente y su acción a nuevas amistades y posibilidades de volver a sentir el amor; hacen suya la sentencia de que "un clavo saca otro clavo" y aceptan lo que siempre aconsejan las amistades: que lo que sobra en el mundo son hombres... o mujeres.

Depresión

El sentimiento de desamparo prevalece: "¿Qué voy a hacer?"; "¿De qué voy a vivir?"; "¿Qué será de mí?". Muchas otras interrogantes atormentan al pensamiento. El hecho de sentirnos impotentes ante lo sucedido y la falta de esperanza en el futuro, perturban nuestro estado de ánimo. Si recurrimos a la soledad, ésta pronto cobra factura en la pérdida de amistades, en el menoscabo de la eficiencia en nuestro trabajo, en bajas calificaciones escolares, en ociosidad perniciosa, en daño de nuestra capacidad de asombro, en el trato con la gente; en fin, en todo lo que hasta entonces nos producía orgullo y satisfacción. Todos esos síntomas nos conducen a sufrir un mal que, de no atacarse a tiempo, pueden generar depresión.

La etapa depresiva puede acrecentarse y ocasionar signos y síntomas como dolores, fatiga extrema, mala digestión, pérdida del apetito o del sueño. En esta etapa hay quienes desean estar solos para poner en orden sus pensamientos y sacar a flote los recuerdos de quien no está. Es relativamente normal que un día se sientan muy bien y al siguiente con melancolía y desesperanza.

En esta etapa es fundamental ser consciente de los sentimientos que experimentamos porque es el primer paso para sobrellevar el duelo, también lo es ocuparse de lo que tengamos que hacer, así como pedir ayuda cuando la necesitemos. Dedicar tiempo a la soledad, pero también estar con quienes verdaderamente nos quieren y sufren al vernos así.

Hay ocasiones donde no encontramos con quién descargar nuestra ira y optamos por descargarla sobre nosotros mismos; hay libros que definen la depresión como ira contenida. Todos conocemos a personas que se deprimieron después de una muerte, un divorcio, un rechazo o una pérdida de trabajo.

La depresión y la culpa pueden ir de la mano cuando las cosas no salen como las planeamos. Las preguntas sin sentido son una constante: "¿Y si hubiera hecho...?; ¿y si hubiera hablado...?; ¿si lo hubiera tratado mejor?, ¿y si hubiera ido con otro médico?"; "quizá si hubiera hecho "esto", estaríamos juntos". Todas son suposiciones y no hacen más que agrandar la pena; el hubiera no existe.

En momentos de dolor deseamos encontrar los porqués de lo sucedido, a los causantes, u omisiones que provocaron el suceso. Hay cosas que no tienen explicación y no la encontraremos con suposiciones. Hay cosas que pasan aunque nos esforcemos por evitarlas. Hay enfermedades que atacan a niños y a adultos, accidentes lamentables que nos afectan directa o indirectamente. No tenemos respuestas para todo lo que nos ocurre. Hay cosas que Dios no desea que ocurran, pero que sin embargo deben suceder porque son parte de la vida y consecuencia de la libertad. Acudamos a Él y pidamos consuelo y fortaleza.

Debemos contrarrestar los efectos nocivos de la depresión, haciendo algo por nosotros mismos, algo que nos active y llene de energía, pues lo necesitamos en esos momentos. Puede ser la música, un masaje o comer algo realmente delicioso. El ejercicio y la buena alimentación siempre aliviarán los síntomas de la depresión. Con lo anterior no pretendo decir que huyamos del sentimiento, no es saludable ni recomendable poner resistencia a las emociones, pero tampoco recomiendo hundirse en ellas. ¡Pongámonos en movimiento! Aunque no queramos, recordemos que el movimiento reactiva a las endorfinas, esas sustancias maravillosas que generan bienestar. Mientras caminamos, corremos o jugamos, concentrémonos en nuestro cuerpo no en la tristeza y podremos constatar que poco a poco nos sentiremos mucho mejor. También recomiendo escuchar música o grabaciones que nos ayuden a reforzar la sensación de bienestar, ¡ah! y si son mi autoría ¡mejor!, porque además podrás reírte un poco durante el duelo, y recuerda que la risa siempre es curativa.

Aceptación

Es la etapa donde hemos llevado la pena a tal grado que el recuerdo no nos afecta ni nos altera. Aprendemos a superar el dolor. Recordar a quien ya no está no genera sentimientos de amargura, tristeza o resentimiento. La ausencia existe, pero sin reproches, ni idealización.

En medicina decimos que salud es la ausencia de enfermedad, aunque alcanzar ese estado es prácticamente imposible. El aparato inmunológico continuamente está trabajando para combatir a agentes patógenos que son una amenaza permanente. Se considera normal sentir algún dolor o "achaques" conforme pasan los años. Desearíamos vivir sin problemas ni aflicciones, pero los problemas forman parte de nuestra vida y mientras no lo comprendamos, sufriremos con cada obstáculo que se presente y con cada persona que nos diga adiós.

Carl Jung dijo que ser humano significa tener problemas. Esta afirmación es fuerte y más para quienes deseamos una vida tranquila y pacífica. Tenemos conciencia y los animales sólo instinto, esto determina la forma en la que reaccionamos ante las adversidades.

En resumen: cada quien vive el duelo de forma diferente. Cada uno asume el dolor, lo enfrenta o rechaza con sus consecuencias. Pasamos por dichas etapas. Hay quienes lo superan con entereza y esperanza; otros se sumergen en su dolor por mucho tiempo, cegados por la intensidad del sentimiento, el reproche, la incertidumbre y el desgano.

La fe hace milagros y la esperanza es lo último que muere. Vale la pena conocer estas etapas para que tengas la certeza de que no eres ni el primero ni el último que ha sufrido. Y, además, si otros han logrado superarlo, ¿por qué tú no? Hay quienes tienen oportunidad de aceptar y planear su despedida, preparan su epitafio y definen detalles de su funeral y sepelio con una entereza y aceptación sorprendentes.

Recuerdo un pasaje de Alejandro "el Grande" y sus últimos tres deseos:

Encontrándose al borde de la muerte, Alejandro convocó a sus generales y les comunicó sus tres últimos deseos:

○ Que su ataúd fuese llevado en hombros y transportado por los propios médicos de la época.
○ Que los tesoros que había conquistado (plata, oro, piedras preciosas...), fueran esparcidos por el camino hasta su tumba.
○ Que sus manos quedaran balanceándose en el aire, fuera del ataúd, y a la vista de todos.

Uno de sus generales, asombrado por tan insólitos deseos, le preguntó las razones. Alejandro explicó:

○ Quiero que los más eminentes médicos carguen mi ataúd para así mostrar que ellos NO tienen, ante la muerte, el poder de curar.

○ Quiero que el suelo sea cubierto con mis tesoros para que todos puedan ver que los bienes materiales aquí conquistados, aquí permanecen.

○ Quiero que mis manos se balanceen al viento para que las personas puedan ver que vinimos con las manos vacías, y con las manos vacías partimos.

La muerte, el adiós más doloroso

*La muerte de un ser querido,
más que de él, es nuestra,
puesto que nosotros la vivimos.*

Anónimo

L a muerte es, para nosotros, un misterio. Nadie nos ha explicado porque nadie lo sabe la naturaleza de este paso que cada uno dará irremediablemente. Desconocemos el momento, la hora y el modo en que sucederá; por eso es un misterio y, por eso también le da sentido a la vida: aprovechar el hoy porque no sabemos si habrá un mañana. La muerte es, sin duda, el gran final en esta obra escrita por Dios, en ella todos somos actores, es la culminación de la trama que nos mantuvo vivos y atentos.

Sócrates escribió: "El temor a la muerte, señores, no es más que pensar que uno es sabio cuando no lo es; quien teme a la muerte se imagina conocer algo que no conoce. Nadie puede decir que la muerte no resulte ser una de las mayores bendiciones para un ser humano; y, sin embargo, los hombres le temen como si supieran que es el mayor de los males".

¡Qué palabras! Qué forma tan sabia de explicar que es un misterio y, como tal, todo lo que digamos en torno a ella será siempre una posibilidad, lo cierto es que el modo de interpretarla depende de la formación y las creencias personales. Vivimos en una sociedad que busca evitar la muerte, en dicho y en hecho. Se ha aumentado la esperanza de vida gracias a los avances en medicina; combatimos y repelemos la enfermedad con múltiples esfuerzos por prolongar la vida o minimizar el dolor; así como evitamos hablar al respecto con quienes están próximos a ella.

Cuando muere un ser querido, anhelamos que el duelo pase rápidamente y que todo vuelva a la normalidad. Pretendemos evitar el proceso doloroso; sin embargo, transitar el duelo es saludable y es necesario vivirlo, sentirlo y expresarlo individualmente. Evitamos hablar de la propia muerte y cuando lo hacemos nos dicen: "¡Cállate! ¡Dios nos libre!", pero llegará, ¿cuándo? Sólo Dios lo sabe.

¿Y qué decir de la presencia de niños en los funerales? "¡No!", exclamamos, "no están preparados para eso"; no queremos que asistan al velorio ni que se confronten con la imagen de un cuerpo inerte. Hemos olvidado que en el pasado no existían agencias funerarias y que los velorios se realizaban en las casas; entonces, los niños presenciaban sin prejuicio el proceso de despedida, siendo partícipes de los ritos. Nadie podría decir que la sociedad de antes era peor que la de ahora, creo que sucede al revés. Hoy, sin temor a equivocarme, considero que más de 70 por ciento de los decesos ocurren en hospitales y asilos.

La muerte es nuestra única certeza. Todos, nos marcharemos de este mundo, pasaremos por el umbral por el que ha cruzado cada ser humano que habitó la Tierra. Cómo, dónde y cuándo, son las interrogantes que configuran el misterio y que, además, acrecientan el miedo a morir.

¿Qué decir
a quien sufre?

Ningún lazo une tan fuerte dos corazones
como la compañía en el dolor.

Robert Southey

R econozco que durante muchos años evité la dolorosa visita a los velatorios para dar mis condolencias a quien perdió a un ser querido. Probablemente fue una elección sin fundamento, quizá en el fondo creía que mi presencia no era trascendente. Pensaba que el deudo no recordaría a los presentes o ausentes. Mi decisión se hacía más sólida al constatar las "romerías" que en ocasiones se hacían en las salas exteriores de los velatorios: una gran cantidad de personas platicando animadamente.

También me rehusaba porque significaba un suplicio encontrar las palabras adecuadas para reconfortar a quien sufría la pérdida. En una ocasión, incluso, en lugar de decir: "Lo siento mucho", dije: "Mucho gusto", sé que la diferencia entre una y otra es abismal, por ello me sentí terriblemente mal. También di el pésame a personas que estaban a un lado del deudo, creyendo que eran familiares directos. O peor aún, ¡entrar a la capilla contigua y dar el pésame a desconocidos!

Entonces no entendía lo trascendente y significativo de, simplemente, estar. Lo aprendí hasta que sufrí la pérdida de mi madre. Recuerdo a todos y a cada uno de los presentes. Extrañé a quienes no estuvieron. Incluso, recuerdo esos momentos como si fuera en cámara lenta, las palabras de aliento y consuelo, y los gestos de amistad que me fortalecieron en ese momento de gran dolor.

Aprendí de quienes tenían frases elaboradas para la "ocasión": "Te acompaño en tu dolor"; "Siento mucho tu pérdida"; "Cuentas conmigo para lo que se ofrezca", palabras que agradecí infinitamente. Lo mismo me sucedió con quienes llevaron mensajes escritos o con los que evocaron bellos recuerdos de mi madre, mismos que me hicieron recordar lo que hice por ella y lo mucho que me amaba. Sin embargo, no puedo olvidar a quien me llevó impreso el capítulo "La muerte es un hasta pronto" de mi primer libro, *¡Despierta... que la vida sigue!*, donde hablo de la muerte y su significado.

Tampoco olvidaré, ni dejaré de agradecer, a quienes me acompañaron sin decir nada; a los que sólo estuvieron a mi lado. Qué importante es saber (para otros) que cuando se está sufriendo no es necesario hablar, mucho menos pedir que evada su dolor. Permanecer en el lugar en señal de solidaridad: "Con mi presencia te recuerdo que no estás solo y que nunca lo estarás. Significas mucho para mí y una forma de demostrártelo es estar contigo".

Con el afán de aliviar la pena de quien sufre, a veces, decimos frases que generan lo contrario. Es necesario tener presente que lo que digamos para tratar de minimizar el dolor de quien sufre una pérdida, puede crear o acrecentar la culpa, el resentimiento, y otro tipo de sentimientos negativos contra sí mismo, contra otros o contra Dios; por ejemplo: "No llores, pasó porque así lo quiso Dios". Yo pregunto: ¿en verdad así lo quiso Dios? No podemos creer que Dios desee que un niño inocente muera, o que un huracán deje sin hogar a cientos de personas. El Dios en el que creemos es un Dios de amor y no puede ser que desee que sus hijos sufran dolores extremos.

Así como hay luz, hay oscuridad; hay amor y también hay odio. El amor de Dios es infinito y su misericordia también. Él no desea que ocurran cosas malas; en sí, son situaciones fortuitas. Hay personas que sufren enfermedades y accidentes por diversas circunstancias. Hay niños que nacen con malformaciones y enfermedades incurables. Dios nos reconforta y da fortaleza en el dolor, no es un Dios castigador. Hay situaciones que ocurren por decisiones humanas, muchas de ellas en perjuicio de seres inocentes.

Hay otra frase utilizada para reconfortar: "Dios debe haberte elegido para que cargues con este dolor, porque tienes la fortaleza para hacerlo". Sinceramente ninguno desea que Dios nos ponga a prueba o que nos infrinja dolor porque tenemos gran resistencia. Queremos ser felices, no probados en la fe, por eso, creo que esta frase puede generar resentimiento hacia Dios: ¿por qué me prueba a mí y no a otros que, quizá, lo merecen más?

Los avances en medicina son impresionantes, la esperanza de vida se ha incrementando. Las personas anteriormente morían por causas diversas, ahora tras ser controladas y remediadas, viven mucho más tiempo. Qué bueno que ocurra; sin embargo, no debemos olvidar que la muerte es una consecuencia natural de la vida, por ello, no se debería de dar cabida ni a la culpa ni al resentimiento.

Cuando un niño sufre una pérdida, se le dice: "Tu papá se fue al cielo porque Dios lo necesitaba para algo muy importante", lo hacemos sin imaginar el resentimiento que ese pequeño sentirá contra Dios, pues él puede pensar: "Yo también lo necesitaba mucho y Dios no tiene por qué arrebatármelo de esa forma" o el sentimiento de abandono: "¿Entonces yo no soy importante. Porque Dios me lo quitó para 'algo más importante' que estar conmigo?" El niño necesita saber que quien murió no eligió dejarlo, que no lo rechazó. En esos casos, hay que explicar al pequeño que su papá deseaba vivir, pero que la enfermedad o el accidente fueron tan graves que no pudo lograrlo. Queremos que el niño no llore y que entienda que el cielo es un lugar maravilloso, pretendemos así evitar su pena, le decimos que su padre está muy feliz de haber partido, sin ser conscientes de lo que en él generamos porque, además de lo explicado, con este tipo de discurso le pedimos que sea feliz y no sufra, en vez de dejarlo estar triste, de respetar su dolor porque perdió a un ser amado. El niño tiene derecho a vivir a su lado. Lo ideal es que el enojo sea encauzado en contra de la situación en cuestión, no contra el fallecido ni contra Dios.

Si queremos y deseamos reconfortar al que sufre, lo ideal es dejar que se exprese, que diga qué siente aunque eso sea coraje, sin tratar de convencerlo de nada. Qué importante es decir frases como: "Tienes razón en estar así"; "Entiendo tu dolor". Dejemos a quien sufre que exprese su dolor. No busquemos cátedras teologales para intentar aminorar la pena. Lo importante es que sienta nuestra compañía y el amor que le tenemos. La gente que atraviesa un duelo necesita consuelo y comprensión, no consejos; necesita de familiares y amigos con quienes desahogarse.

Siempre duele despedirse de un ser querido. A veces no encontramos las palabras adecuadas para ayudar a aminorar el dolor. Quien sufre, cree que es el único que siente esa pena, que nadie en el mundo ha sentido tanto dolor y que nadie entenderá lo que significa para él ese momento.

Cada duelo es diferente; cada partida tiene un significado distinto, dependiendo de la cercanía, los detalles, los recuerdos, los momentos vividos con quien ya no está. La compañía en un velorio reconforta al deudo, ya que de por sí los velatorios son lugares fríos y tristes, pero se llenan de luz y calor con la presencia de amigos y familiares.

Siempre he creído que hay algún error en cómo realizamos funerales; considero que es necesario hacer algunos cambios para lograr hacer de la despedida un homenaje por sus logros alcanzados en vida en el plano personal y afectivo. Lo he visto en Estados Unidos, cuando alguien muere recogen el cuerpo y programan su funeral varios días después, con el fin de preparar una despedida digna. Se hacen las llamadas pertinentes, se envía la información a la prensa, los correos electrónicos a parientes y amigos que viven en otras ciudades y países con el fin de participarles el deceso e invitarles al funeral. Se organiza una ceremonia programada con una duración determinada donde el sacerdote o ministro, familiares y amigos, hablan sobre el fallecido; le dedican palabras emotivas y recuerdan momentos especiales de su tránsito por la vida. El acto se vuelve un verdadero homenaje póstumo. Explico todo esto porque recordar vivencias, cualidades, logros y momentos felices del ser que partió, ayuda mucho; por ello, te recomiendo que al estar con alguien que sufre una pérdida, le recuerdes todo lo que hizo por esa persona mientras vivió y todo lo que compartió. Recuerda que todo pasa, aun el dolor más grande pierde intensidad con el paso del tiempo y la mentalidad adecuada.

La primera vez que escuché la frase "Todo pasa", había reprobado un examen de anatomía en la licenciatura; no te imaginas cuánto me dolió, sobre todo por el empeño que puse en estudiar, hora tras hora, con sus desvelos y desmañanadas, buscando una buena calificación. El resultado, por supuesto, no fue lo que esperaba, el cansancio acumulado provocó el bloqueo mental. Cuando vi mi calificación sentí que el mundo se me acababa, pensé que no podría superarlo. Al llegar a casa, me esperaba mi madre, le conté lo sucedido, ella me miró llena de comprensión y pronunció las palabras mágicas: "Hijito, todo pasa". Así que, aunque hoy todo te parezca oscuro, ten la certeza de que mañana será mejor: "Todo pasa". Esas palabras me han ayudado en mucho a superar los conflictos que he vivido. Quien sufre una pérdida tiene cambios significativos en su manera de actuar y muchos de estos cambios pueden ser muy difíciles de aceptar por quienes lo rodean. Todo pasa, pero requiere de tiempo.

Hay quienes se rehúsan a recibir algún tipo de ayuda o muestras de cariño y solidaridad, prefieren estar en soledad; cuando la pérdida es reciente, debemos mostrarnos respetuosos ante esto. Quizá puede ocurrirte: anhelas estar contigo mismo, comprender lo sucedido, encontrarte con tus recuerdos y permitir que fluyan tus emociones. Recuerda, cada quien asume la despedida y el duelo a su forma. Quien sufre, transita, necesariamente por las etapas anteriormente tratadas, en una de ellas es posible sentir la necesidad de expresar impotencia, odio, coraje o ira. Un duelo sano fomenta el desarrollo o el crecimiento de quienes lo viven; aprendemos tanto al vivirlo, como al acompañar a un ser querido en este recorrido.

Una aportación espiritual

Dar un sentido trascendente al adiós hace que quienes viven el duelo puedan encontrar consuelo. La asesoría espiritual es básica. Es difícil encontrar las palabras simples, entendibles, que den consuelo. Por eso hoy quiero incluir en este libro una valiosa aportación espiritual que mi querido amigo, el padre Roberto Figueroa Méndez, me envió con motivo del fallecimiento de mi madre. Fueron palabras que me recordaron la gran esperanza que tenemos quienes creemos en Dios. Estoy seguro que te darán esa misma fortaleza y ayudarán en gran medida a renovar tu fe:

Para el mundo de hoy la vida se acaba con la muerte, todo tiene un inicio y todo tiene un fin. Para un mundo sin Dios, el fin del ser humano, es decir, su límite, es la muerte, después de ella ya nada sigue, ya nada se espera.

Pero para quienes tenemos fe, la visión es muy distinta, ya que creemos que Dios nos ha creado para la eternidad. Dios, el Eterno, nos ha pensado desde siempre, pero lo más importante para nosotros es que nos ha creado para una vida sin fin.

Para Dios no hay muerte, porque Él no es un Dios de muertos, sino de vivos y para Él todos viven, y si lo es para Él lo debe ser para nosotros también. De modo que nuestra manera de entender la muerte no es ni como fin ni como fracaso ni como destrucción, sino como "un paso", necesario, si lo queremos ver así, pero a fin de cuentas, sólo un paso.

La vida se transforma con la muerte, no se acaba. Se disuelve nuestra forma imperfecta y corruptible; se nos brinda una vida perfecta y libre de toda mancha y error; se termina nuestra morada terrenal y se nos ofrece una morada celestial. Bien le decimos al que partió de este mundo: "Que descanse en paz" y lo decimos, porque nuestro deseo es que la persona descanse en el Cielo de toda fatiga, dolor y sufrimiento, y pase a gozar la dicha de los bienaventurados. Esto no es únicamente un deseo, sino también una afirmación, porque no sólo lo deseamos, sino que además lo afirmamos con plena seguridad.

Despedirse de alguien a quien se amaba con todas las fuerzas es difícil, porque sabemos que algo hermoso se ha terminado, ya no se compartirán sueños, ilusiones, reuniones, alimentos, la vida misma. Lo importante será entender que no se trata de un adiós, sino de un hasta pronto, ya que un día nos encontraremos una vez más, pero ese encuentro será muy diferente: limpios, santos, perfectos y cubiertos totalmente del amor de quien es Amor y nuestra forma de amarlos será sublime, maravillosa y plena. No tiene punto de comparación con lo que vivimos en este mundo. Por eso los grandes santos de la historia como San Pablo y Santa Teresa, hablaban de la muerte de una forma extraña para nuestra manera ordinaria de pensar. San Pablo dice en su carta: "Para mí la vida es Cristo y la muerte una ganancia". Santa Teresa de Ávila decía: "Vivo sin vivir en mí y tan alta vida espero, que muero porque no muero".

La peor actitud que podemos manifestar ante la muerte es la negación permanente. Será comprensible en un primer momento como signo de dolor y de sorpresa, pero la fe nos tiene que mostrar el camino hacia algo distinto y más consolador y sobre todo esperanzador.

No debemos temer. El Señor nos ha preparado el camino y nos lo ha trazado para que ante esta dura y difícil realidad de la muerte, nuestro corazón se mantenga firme y nuestra alegría, la que nos debe caracterizar siempre, no se apague jamás. Que nada ni nadie nos arrebate lo que el Señor nos ha dado a manos llenas.

Deseo que estas palabras te recuerden que para quienes creemos en Dios, la vida es eterna. Uno de los activos más valiosos que tenemos es el tiempo. A veces no hay palabras que puedan reconfortar a quien sufre; aun así, compartir nuestro tiempo con quien transita este trance doloroso es una manifestación enorme de cariño.

Recuerdo a la madre de un excelente amigo que, en un momento de crisis en mi vida, se acercó y me pidió hacer una oración conmigo. Oró por mí y por mis necesidades. Oró y agradeció a Dios por el cambio que iba a suceder en mí y por la fortaleza que estaba segura iba a tener desde ese momento. La sensación que quedó en mí fue de una paz y una esperanza indescriptible que, verdaderamente, necesitaba en ese momento. Una plegaria dicha desde el fondo del corazón verdaderamente puede hacer milagros. Creo, porque me consta, en la fuerza renovadora de la oración. Quienes la practican como parte de su vida, reconocen que es capaz de generar cambios extraordinarios. Decirle a quien sufre que ofreceremos durante los próximos días nuestras oraciones para fortalecerlo en el proceso de duelo ayuda mucho. Es un poder sanador dirigido a quien vive la pérdida.

Orar por alguien constituye una de las más grandes manifestaciones de amor al prójimo. Por otra parte, ofrecer nuestro día a quien sufre una pena puede hacer que ese día tenga sentido. Tengo años con esta costumbre y deseo que sea para siempre. Cuando hago el ofrecimiento de mi día, por alguien que creo que lo necesita, agrego un sentido de trascendencia y, por tanto, procuro fomentar actitudes positivas: paciencia y prudencia al actuar y hablar. Cuido mis acciones porque tengo una causa, un propósito. Sé, en el fondo de mi ser, que esta acción tiene sentido, ya que estoy ofreciendo mi tiempo y esfuerzo en pos de alguien que sufre.

Reconocer
el momento para decir adiós en una relación conflictiva

El hombre que no ha amado apasionadamente
ignora la mitad más hermosa de su vida.

Stendhal

Cuándo despedirnos de una pareja

El amor fortalece. Es el elemento que hace la diferencia en nuestro actuar. Imposible negar que el amor a veces duele, especialmente cuando no hay reciprocidad, cuando sobreviene la ausencia física o emocional. Son innumerables las causas por las que el amor entre dos personas fracasa, pues depende de diversos factores físicos, emocionales y otros relacionados con la adaptación y la actitud para que la flama perdure. Incide en ello, también, la madurez de los involucrados, quienes buscan sobrellevar las crisis que se presentan con base en la formación que tuvieron ellos y sus padres, incluyendo su escala de valores, y el interés que demuestren en el bien común.

No es sencillo que una relación perdure; la falta de conocimiento en técnicas para mejorar las relaciones interpersonales, aunado a la falta de comunicación, la apatía y el estrés, pueden causar estragos que lleven a la relación al fracaso. En alguna ocasión alguien me dijo: "Mucho de lo que nos pasa es porque lo permitimos o porque lo provocamos"; me impactó tremendamente por lo cierto de la frase, aunque sé que no faltará quien diga que jamás ha provocado nada, que todo lo malo que le ha pasado, por ejemplo en el amor, no es su responsabilidad, que no lo ha provocado ni permitido. Sin embargo, desde el momento en que decidimos abrir nuestro corazón con otro, estamos permitiendo que tenga injerencia en nosotros, de allí, tomará la fuerza que le demos. Lo llegaremos a amar con la intensidad que nos permitamos, y pondremos (o no), los límites necesarios; todo esto de acuerdo con nuestras creencias y valores. Por qué negar que somos corresponsables en el adiós, siempre tenemos algo que ver con él, de forma consciente o inconsciente.

No niego que el dolor que puede existir en alguno de los miembros de la pareja sea enorme cuando el amor acaba en el otro, y persiste dentro de uno; es una historia común, donde el que ha dejado de amar dice: "Ya no siento lo mismo por ti"; "Creo que lo mejor es separarnos por un tiempo"; "Necesito espacio"; "Te estoy haciendo daño"; "No eres tú, soy yo". Cuando amamos, deseamos que esa relación dure por siempre; sin embargo, debemos identificar hasta dónde luchar por mantener una relación que agoniza, saber si es posible recoger las cenizas de ese amor e intentar avivar la llama que amenaza con extinguirse.

Sin restar importancia al aprendizaje que deriva de cuestionarnos las razones del resultado de una relación, hay preguntas que pueden desgastarnos, pero son necesarias: "¿qué hice mal?"; "¿en qué fallé?"; "¿será que amé demasiado?"; "¿sofoqué la relación con tanto amor?"; "¿por qué me hizo esto?"; "¿merecía que me tratara así?". Probablemente no merecemos lo que nos hicieron. Son las altas expectativas que generamos sobre el otro lo que nos daña. Esperábamos tanto de quien idealizamos que nunca pensamos que algún día terminaría una relación tan bella.

¡La gente es como es, y punto! Es imposible incidir en la voluntad de otra persona. La gente toma buenas y malas decisiones. De las malas decisiones, algunos se arrepienten y buscan enmendar su error. Otros sólo lo lamentan. Algunos sufren, pero no regresan, puede ser más grande su orgullo. Así como no podemos controlar las inclemencias del tiempo ni lograr que las aguas de un río fluyan hacia arriba ni impedir que la muerte nos arrebate a un ser que amamos, o que suceda cualquier otra cosa fuera de nuestra decisión, así es el complicado sentimiento del amor. Hay circunstancias, muchas veces inesperadas, que no dependen de nosotros. No es posible controlar las emociones de los demás y sus decisiones, sin importar dónde se encuentren éstas en su escala de valores.

¿Cómo entender que una esposa guapa, amorosa, excelente compañera y madre sea sustituida por una mujer más joven, sin educación y con una total ausencia de valores? Cada cabeza es un mundo y mientras no comprendamos que hay un sinfín de cosas fuera de nuestro control, no podremos tener la fortaleza y conservar la tranquilidad ante las adversidades.

En esos momentos necesitamos recordar que mucho de lo que sucede, aunque no lo podamos ver, es para nuestro bien. Es cierto que un trago amargo puede convertirse en el parteaguas que nos llevará a buscar la paz y la felicidad. Conozco historias que iniciaron con lágrimas y decepción, y concluyeron en un final feliz. Estoy seguro de que si lo analizas, encontrarás en tu grupo de amistades o conocidos casos que ejemplifiquen lo que digo, quizá ya lo hayas experimentado:

lo que te causa dolor hoy, puede ser el inicio de una gran bendición en tu vida.

La pérdida de un amor no siempre tiene un final triste. Puede ser el primer paso del resurgimiento de algo grande. A fin de cuentas, eres tú quien decide cómo tomar la pérdida y llevar el duelo. Eres tú quien pone la pauta a seguir. Séneca dijo: "No es lo que sufres, sino cómo lo sufres". Es imposible pretender controlar todo, tampoco existen respuestas para todo lo que nos pasa, sobre todo cuando se relacionan con una ruptura amorosa.

Es cierto que desde que nacemos anhelamos la felicidad y queremos conseguirla a toda costa. Sabemos que Dios tiene un plan perfecto para nuestra vida en este mundo y que estamos en él para ser felices, pero nos resistimos a aceptar las pruebas que son parte de ese plan, por eso, cuando sentimos el dolor de una ausencia, pensamos que la vivencia "no encaja" en el plan que tenemos en mente.

Las cosas no siempre pasan o tienen el resultado que deseamos. Acéptalo, la madurez de un ser humano se mide por su capacidad de aceptar y adaptarse a su forma de vida y a sus cambios. Cuando se sufre dolor porque alguien amado decide marcharse, debemos sobreponernos, poner un límite al sufrimiento. Tenemos dos caminos y en nosotros está decidir cuál seguimos: nos amargamos la vida y nos convertimos en la víctima a quien nunca valoran o nos adaptamos a la realidad y seguimos adelante.

Robin Norwood, en su libro *Mujeres que aman demasiado*, menciona las características típicas de mujeres que aman de más y las invita a cuestionarse si vale la pena continuar (esto se aplica también a los hombres):

○ Personas que provienen de un hogar disfuncional que no satisfacieron sus necesidades emocionales.

○ Al haber recibido poco afecto tratan de compensar indirectamente esta carencia proporcionando afecto, en especial a quien parece especialmente necesitado de recibirlo.

○ Debido a que nunca pudieron convertir a sus progenitores en los seres atentos y cariñosos que deseaban, reaccionan profundamente ante la clase de personas que emocionalmente son inaccesibles, mismos que creen poder cambiar gracias a su amor desmedido.

○ Como les aterra el abandono, hacen cualquier cosa para evitar que una relación se disuelva.

○ No consideran problema aquello que beneficia al otro. Ayudan económicamente, de más, si la pareja lo necesita.

○ Acostumbrados a la falta de amor en las relaciones personales están dispuestos a esperar. Conservan siempre la esperanza y se esfuerzan por complacer.

○ Quienes aman demasiado están dispuestos a aceptar más de 50 por ciento de la responsabilidad, la culpa y los reproches en la relación.

○ El amor propio de quienes aman demasiado es bajo, en el fondo, no se sienten merecedores de la felicidad, por ello creen que necesitan ganarse el derecho de disfrutar la vida.

○ Necesitan con desesperación controlar al otro, sus acciones, movimientos y relaciones como consecuencia de la poca seguridad que obtuvieron en su niñez. Disimulan sus esfuerzos por controlar bajo la apariencia de ser "útiles y serviciales".

○ En una relación, están mucho más cerca del sueño de cómo podría ser, que de la realidad de la situación.

○ Son adictos al dolor emocional que les genera su pareja.

○ Es probable que estén predispuestos emocional y bio-químicamente a buscar estimulantes que contrarresten el dolor: drogas, alcohol, comida y, especialmente, dulces.

○ Al sentirse atraídos por personas con problemas a re-solver o al involucrarse en situaciones caóticas, incier-tas y emocionalmente dolorosas, evitan concentrarse en sí mismos.

○ Tienden a sufrir episodios depresivos, que evitan so-metiéndose a la excitación de una relación inestable.

○ No les atraen personas amables, estables, confiables y dispuestas a comprometerse. Las consideran aburridas.

En una relación, cuando se llega al grado de amar demasia-do a quien no lo merece, se vuelve muy complicado poner el punto final; pues quien ama, se ciega ante la realidad del su-frimiento que el otro le ocasiona. Lo considera "normal" y sus antecedentes de desamor lo pueden llevar, incluso, a suplicar que le proporcionen lo que anhela.

¿Es conveniente decir adiós?

Todos estamos de acuerdo con que el amor no se mide; también sabemos que puede ser expresado de muchas maneras, pero debemos aceptar que también puede acabarse si no existe re-ciprocidad, alimento continuo y equitativo. Se ha escrito mucho acerca del amor y hoy quiero compartir contigo algunas apre-ciaciones de lo que, según mi punto de vista, es el verdadero amor entre dos seres dispuestos a compartir su tiempo y espacio.

Es real cuando decimos que el amor cura, reconforta, vigoriza y nos llena de vida. Que cuando amamos vemos todo diferente y soportamos con más entereza las tragedias y reve-ses que nos da la vida. Sin embargo, es muy fácil confundir el verdadero amor con otras manifestaciones emotivas que nada tienen que ver con este sublime sentimiento. La mente tiende a sobrevalorar a las personas que decimos querer y soportamos de más por tratar de conservarlas, creemos que son pilares fundamentales en nuestra vida.

Me he cuestionado hasta qué grado tenemos que dar amor. La madre Teresa de Calcuta decía que cuando se trata de dar, hay que dar hasta que duela. Supongo que se refería a las cosas materiales, porque ¿dar amor hasta que duela? No niego que en ocasiones el amor duele y a veces mucho, pero es importante reconocer que existen límites, mismos que, por salud, es bueno marcar y, en caso necesario, expresar: "¡Ya basta!". Cuando dos personas están plenamente conscientes y utilizando los cinco sentidos, y demuestran capacidad para expresarse, buscan comunicación constante; se muestran recíprocos, es altamente probable que la llama del amor continúe viva.

En la relación de pareja, el amor completo que incluye pasión (eros), amistad (philia) y ternura (ágape), no llega de improviso, crece poco a poco, uno siempre tiene la voluntad y la decisión de amar o no; sucede aunque a veces el corazón se aferre y confunda a la razón volviéndose una exigencia: "Te amo y espero lo mismo de ti, probablemente no de la misma forma, pero sí espero algo de ti".

El amor no se expresa ni se mide con actos que van del culto al sacrificio, o a la abnegación, con formas de pensar como: "Vivo por ti"; "Mi felicidad es tu felicidad"; "Sin ti me muero"; "Si te vas, mi vida no tiene sentido" y expresiones similares que quizá hemos escuchado o pronunciado; como sea, éstas sólo pueden deteriorar la autoestima y la dignidad. Existen también quienes se identifican con personajes de telenovela, aceptan que el sufrimiento es parte de este sentimiento; pasan la vida mendigando amor, llorando por alguien que no los valora, generalmente puede alcanzarse un final feliz, pero a costa de meses o años de sufrimiento.

También está quien se identifica con las letras de canciones escritas precisamente por compositores que conocen el culto al sacrificio y la identificación por el amor sufrido. Reconozco en Juan Gabriel, compositor mexicano y cantante internacional, ese gran talento que ha puesto en alto el nombre del país; sin embargo, quitaría de su magnífico repertorio algunas canciones con las que muchos se identifican, pero que por su contenido dañan su autoestima, de por sí afectada por una ruptura, por ejemplo la canción: "Yo no nací para amar—, nadie nació para mí—, tan sólo fui un loco soñador nomás...".

¡Imagínate! ¡No hay amor para este pobre! Al decretarlo, elimina las posibilidades de encontrarlo. No es posible estar en plena crisis existencial ¡y entonar esta canción suicida! En diversas religiones se afirma que quien canta, ora dos veces, sucede porque al cantar damos fuerza a la oración, creamos un vínculo interior sólido y nos sintonizamos con aquello que cantamos. Si esto se aplica a nivel espiritual, no me quiero imaginar el daño y la repercusión que puede tener cantar canciones cuyo contenido refleja tristeza, derrotismo o falta de esperanza, en pleno rompimiento amoroso. Así como ésa, hay muchas otras canciones que recomiendo no cantar en plena crisis amorosa, pues hacerlo es como afirmar que somos tan poca cosa que nadie en el mundo nos corresponderá.

Decir adiós duele, claro que quisiéramos que a quien amamos permanezca con nosotros para siempre, que la flama del amor perdure encendida y que nada ni nadie nos separe de ésta; sin embargo, a veces las cosas no son así y lo más conveniente y saludable es despedirse, por ejemplo, en las relaciones destructivas y desconsideradas. No es fácil decir adiós, menos cuando alguna de las partes experimenta un amor desmedido. En una relación conflictiva, por lo general, uno de los integrantes es quien sufre más. Obviamente el límite lo define tu integridad, tus valores, tu dignidad y el concepto que tengas de la felicidad.

El límite de lo aceptable se traspasa cuando la persona que dice amarte no incluye en sus planes tus sueños y anhelos. Cuando la vida comienza a convertirse en algo tan predecible como inseguro y cuando "ser para el otro" te impide el "ser para ti". Creo que una relación puede ser para siempre. Soy partidario del matrimonio y de entablar una relación que nos lleve al crecimiento. El índice de divorcios va en aumento a nivel mundial, por muchos factores que dañan la relación.

La comodidad y la búsqueda exclusiva del placer han contribuido a que las relaciones desechables se hagan presentes: "Nos casamos y si funciona, pues bien, si no, cada quien para su casa". La falta de compromiso y responsabilidad es un común denominador que ha disparado el nivel de divorcios en el mundo. Y qué decir del paternalismo; amor desmedido que los padres prodigan a sus hijos. Sé que jamás es con el afán de dañarlos, pero entre más les demos y les facilitemos la vida, más posibilidades existen de dar al mundo hijos irresponsables, exigentes y con poca capacidad para la adaptación y la frustración.

Walter Riso, en *Los límites del amor*, enfatiza en que el verdadero amor se define con base en la integridad, la dignidad y la felicidad de un individuo. Cuidado cuando tus anhelos, ilusiones y valores pasan a segundo plano por agradar a alguien. El autor enfatiza la importancia de identificar tres puntos que considera básicos; analízalos y verifica si están presentes en la relación que sostienes:

○ *Cuando no te quieren.* Si te quieren te lo demuestran de alguna manera: te lo expresan con palabras, con hechos, con detalles, con miradas. En el fondo, todos sabemos cuando el amor es recíproco. Claro que cada quien tiene su forma particular de demostrarlo, pero, si no lo percibes, si las demostraciones de este tipo no son frecuentes, ¿qué haces ahí?

Alguien honesto y con dignidad no permanecerá con quien no ama sólo por obtener ciertos "beneficios", por llamarle de otra forma a la comodidad social o económica, incluso, la personal que propicia la compañía. Sé que no es nada fácil renunciar a ello, menos cuando surge la justificación: "Por mis hijos aguanto todo". Cada caso es una historia, nadie tiene derecho a juzgar los actos de quien decide soportarlo todo "por amor"; sin embargo, necesitamos recordar que Dios nos dio la vida para ser felices. Muchas veces se lucha por mantener "a la familia unida" a un precio muy alto. El precio que pagan los hijos es muy elevado al ver que sus padres están continuamente discutiendo, cuando observan que no hay respeto ni consideración; esto, además, les enseña que la vida en pareja es difícil o imposible. Al crecer, tienden a imitar conductas que aprendieron en su conflictiva niñez. Los estudios señalan que un gran porcentaje de ellos, tiende a tener matrimonios conflictivos.

En las relaciones de noviazgo enfermizas, donde los celos, la agresividad y otras patologías están presentes, qué humillante resulta amar a quien no nos corresponde y escudarnos en razones como: "Sé que en el fondo sí me ama". ¡Por favor! Dejemos de hacer castillos en el aire, más si la persona en cuestión no tiene la mínima intención de cambiar o aceptar ayuda, y permite que el resentimiento, la indiferencia o la agresividad determinen sus actos.

○ *El verdadero amor busca tu realización.* Te ayuda a crecer como persona, social, espiritual y profesional. Apoya tu crecimiento en todas las formas y busca que cumplas tus sueños e ideales. Claro que existen los extremos. Hay quienes por ir en pos de un ideal profesional o de esparcimiento acaban con el amor al excluir a la persona amada de sus planes. No olvido la frase: "quien te ama, te hará crecer".

○ *El verdadero amor respeta y apoya tus principios y valores.* Te aman cuando respetan tu dignidad como persona y, además, te valoran. Cuando tus creencias son respetadas por el amor que te profesan y conservan tu moral, jamás te harán sentir como un objeto de simple satisfacción. En una relación, es fácil confundirse con el verdadero amor. Es terrible vivir con la creencia y la esperanza de que "algún día cambiará", de que entonces sí viviremos felices por siempre. Duele reconocer que aquella persona a quien amamos no valore el tiempo, los afectos, las expresiones cariñosas y los detalles. Es precisamente cuando hay que anteponer la razón al sentimiento.

¿Qué haces con alguien que no te respeta? ¿Qué hace una mujer con alguien que vulnera continuamente su dignidad a través de golpes físicos o psicológicos? Es necesario detenerse y analizar si vale la pena amar tanto y las razones de fondo que sostienen dicha actitud: revisar el pasado, identificar las carencias que arrastramos desde la infancia y verificar si influyen en la construcción de relaciones conflictivas.

Recuerda que el primer paso para cambiar es aceptar y reconocer que existe un conflicto. ¿Dónde está la dignidad? ¿En dónde queda la dignidad de una persona cuando tiene que decir un adiós que considera injustificado? Depende del significado que una acción como esa tenga en la escala de valores de cada uno, del nivel de autoestima, de lo que significa la relación, entre otros. ¿Piensas que el otro es tu complemento o tu vida? ¿Sientes que no puedes vivir sin él? Comparto una reflexión que me llevó a entender qué es una relación sana:

Durante un seminario, le preguntaron a una mujer:

—¿Tu esposo realmente te hace feliz, verdaderamente feliz?

En ese momento, el esposo levantó ligeramente el cuello en señal de seguridad, estaba seguro de que respondería "Sí", pues ella jamás se había quejado durante su matrimonio. Sin embargo, la esposa respondió con un rotundo:

—No... no me hace feliz.

Y ante el asombro del marido, continuó:

—No me hace feliz, ¡yo soy feliz! Mi felicidad o infelicidad no depende de él, sino de mí. Yo soy la única persona de quien depende permanecer o abandonar este estado, así que determino ser feliz en cada situación y en cada momento de mi vida, pues si mi felicidad dependiera de otra persona, cosa o circunstancia sobre la faz de la Tierra, estaría en serios problemas.

Todo en la vida cambia continuamente: el ser humano, las riquezas, el cuerpo, el clima, los placeres y los sentimientos, de seguir, la lista sería interminable. Quiero que sepas algo, en la vida he aprendido, igual que en el ejemplo, que yo soy quien decide ser feliz, a lo demás lo llamo "experiencias": amar, perdonar, ayudar, comprender, aceptar, escuchar y consolar.

Hay gente que afirma: "No puedo ser feliz... porque estoy enfermo; porque no tengo dinero; porque hace mucho calor; porque alguien me insultó; porque alguien ha dejado de amarme; porque alguien no me valoró", ignoran que pueden ser felices en cualquier situación por más adversa que parezca, la decisión es suya y de nadie más.

¿Es la persona idónea para ti?

Según Horacio Valcecia, psicólogo argentino, hay tres condiciones elementales para que exista una relación de pareja:

- *Química.* Determina la atracción entre dos personas, es ese "no sé qué" que sentimos en las entrañas y que hace que queramos estar con esa persona, a quien consideramos especial.
- *Compatibilidad.* Se necesita, como mínimo, 60 por ciento de elementos compatibles. Imposible convivir con alguien con quien no compaginamos. Cuántas personas evitan ver los defectos y se deslumbran ante las escasas cualidades de su pareja, todo por temor a perderla y estar en soledad. No olvidemos que los defectos que consideras piedritas en el zapato en el noviazgo, se convierten en peñascos en el matrimonio.
- *Compromiso.* Ambos han de decidir conscientemente compartir sus vidas para estar mejor. Si hay presión y uno está detrás del otro insistiendo, no hay pareja. Ésa es una señal muy clara de que las cosas no van bien.

Por supuesto que, también en el amor, mucho de lo que nos sucede es porque lo provocamos o permitimos. Están quienes por baja autoestima, permiten que pisoteen su dignidad y amor propio; personas que se doblegan ante la injusticia cometida en una relación donde el victimario se aprovecha continuamente de su víctima haciéndola sentir, incluso, culpable. Relaciones donde, dado el bajo nivel de autoestima, hacen que el individuo mendigue amor. No cabe duda que esta acción es la peor de las indigencias; quien suplica ser amado carece totalmente de amor propio.

No podemos exigir lo que no damos. El amor se atrae, no se busca ni mucho menos se suplica. La mejor forma de atraerlo es manifestándolo continuamente en lo simple, lo cotidiano. El amor es carga que atrae amor. Una fuerza similar que no se repele. Quien tiende a ser amoroso en lo pequeño tiende a atraer irremediablemente más amor a su vida. No te sorprenda esto. No existe mejor antídoto contra la soledad, la tristeza y la sensación de abandono, que empezar a esparcir semillas de amor por donde pasemos. A pesar del dolor que podamos sentir por no recibir un amor como el que damos, iniciemos una terapia de amor donde decidamos dar lo mejor de nosotros mismos; dejar una estela de armonía por donde vayamos. Sembrar lo que queramos cosechar para nosotros y los nuestros, comprobaremos cómo la sensación de tristeza disminuye paulatinamente. ¡Te lo aseguro!

Nos inclinamos a buscar a esa persona ideal con quien compartir nuestra vida. Quisiéramos que apareciera como por arte de magia y que con su presencia dé luz y alegría a nuestro existir. ¡Pero qué complejo es identificar quién sí y quién no! La complejidad radica en que existen dos vertientes a la hora de tomar la decisión:

- *Quienes no saben lo que quieren.* No tienen un prototipo de "persona ideal" y son presa fácil de depredadores que buscan, también, "lo que sea". "Mira, no lo quiero, pero sé que con el tiempo lo querré"; "De estar solo a esto, pues esto, ya veré qué pasa". Son amores a la deriva que cualquier viento puede destruir, relaciones que se deciden al vapor y sobre la marcha. No niego que algunas puedan tener continuidad y lograr una identidad plena y crecimiento para ambos, pero no son la mayoría. No tener idea de las características mínimas que requieres de una pareja, puede llevarte a aceptar en tu vida a cualquiera, incluso, a quien no tenga afinidad contigo.

○ *Quienes sí saben lo que quieren.* Tienen una idea clara del tipo de persona con quien les gustaría compartir su vida. Conocen qué valores y costumbres prefieren en el otro, qué tipo de hombre o mujer desean, con cuáles atributos físicos; saben qué religión les gustaría que profesaran, y cómo esperan ser tratados. En otras palabras, las expectativas se convierten en una brújula que señalará a la "persona ideal".

Me sorprende la similitud que existe entre las personas que consideramos "ideales", con otras cercanas a nosotros, mismas que tuvieron una gran influencia en nuestro desarrollo. No falta quien busca a alguien como su mamá o su papá. Se casan con individuos que tienen características similares a un hermano o tío que admiran o, por qué no decirlo, tienden a buscar patrones de comportamiento positivo o negativo, en la persona con quien eligen compartir su vida. Incluyo hábitos como esposos violentos, porque tuvieron un padre violento; o un esposo alcohólico, porque vivió los estragos del alcoholismo en su casa y no pudo solucionar el conflicto durante su niñez o juventud, por lo que busca solucionarlo en la adultez con alguien que sufra los mismos conflictos.

Tener claro a quién se busca puede ser un arma de doble filo, corremos el riesgo de idealizar a cada persona que conocemos. Le vemos cualidades que consideramos "indispensables" aun cuando no las tiene, todo por el afán de encontrar al ser ideal.

¿Te quiero porque te necesito o te necesito porque te quiero?

Quiero compartir el extracto de una carta enviada por una radioescucha a mi programa, ésta me hizo reflexionar en torno a la complejidad de la naturaleza humana, en cuestiones de amor, o de dependencia:

> César, no sé qué hacer. Cada día mi noviazgo se deteriora, lo siento cada vez que percibo que él —hablando obviamente de su novio— no es el mismo. He intentado una y mil formas de hacerlo recapacitar. Pero no puedo vivir sin él. Estoy segura de que es con quien puedo y debo compartir mi vida porque somos el uno para el otro. En anteriores relaciones nunca había sentido tanta seguridad con alguien. Nunca había sentido el amor en toda su expresión. Me siento desesperada porque esto se está acabando y sé que si se va, nunca más encontraré a alguien con quien sentirme como ahora.

Al terminar de leer la carta, me pregunté: "¿Lo ama porque lo necesita o lo necesita porque lo ama?". Es muy fácil confundir estas ideas que tienen implicaciones completamente distintas. Amar a alguien porque cubre una necesidad, especialmente la de no sentir soledad, de tenerlo al lado y sentir compañía, no es malo, aunque sí es muy diferente decir: "Te necesito porque te amo. Porque el amor que siento por ti es tan grande y te has convertido en mi complemento. Tu presencia me estimula a cumplir con mis anhelos. Sigo mi camino acompañado por ti, pero no dependo de ti para seguir mi camino". Por lo que, conforme pasa el tiempo más me convenzo de que el amor tiene dos grandes etapas, ambas maravillosas; considero necesario conocerlas, pues evitará interpretaciones erróneas en torno a amar y dejar de hacerlo.

La etapa del enamoramiento sucede cuando amamos en forma desmedida, es cuando conocemos a alguien y descubrimos que tiene las características que siempre deseamos o soñamos. Tal vez la persona escogida no las tenga, pero en el afán de satisfacer nuestra necesidad de amar, le encontramos todas las cualidades habidas y por haber. Sentimos que el mundo gira alrededor nuestro y que el amor es el sentimiento más bello. En esta etapa, las cosas más simples parecen vitales: esperamos la llamada con ansias y cuando dejamos de verlo, anhelamos que el reloj avance rápidamente. En otras palabras, es esa maravillosa etapa, la que los poetas idealizan en versos y nos provocan la sensación de "mariposas revoloteando en el estómago". Sin embargo, esta sensación de amor, a veces desmedido, tiende a desaparecer, no es permanente. Entonces pasamos a la segunda etapa.

La etapa del amor sucede cuando "decido amarte a pesar de tus defectos (que ya detecté) y a pesar de nuestras diferencias, que son necesarias para complementarnos", entonces la sensación cambia, la pareja llama y las mariposas ya no revolotean. Y que no me digan las señoras casadas que esperan con taquicardia y ansia desmedida la llamada del marido. Decido quererte y me hago responsable de alimentar esta relación.

Es precisamente aquí donde surge la confusión en muchas parejas, deciden decir adiós simple y sencillamente porque "ya no sienten lo mismo" o "están confundidos". Es el problema que se les presenta a muchos hombres casados cuando se "atraviesa" en su camino alguna mujer de exuberantes encantos corporales (muy "buena", para ser claros) y se enredan en un lío que acaba con su tranquilidad y que, incluso, los puede llevar a perder su integridad.

Casos como éste son la esencia de la eterna letanía que muchas mujeres comparten en el café con las amigas: "Es que no sé qué está pasando"; "No me trata como antes"; "Olvidó los detalles"; "No siento lo mismo que cuando éramos novios". La mujer desconoce que el hombre tiende a ser menos expresivo y detallista conforme pasa el tiempo, porque siente seguridad del amor que le profesan. No lo justifico, pero lo entiendo. Leí en alguna ocasión: "El hecho de que la persona que te ama no te lo exprese con palabras, no significa que no te ame con todo el corazón".

La confusión por "no sentir" puede causar grandes conflictos en las relaciones, lo enfatizo porque es el común denominador de muchos correos que recibo en el programa de radio: hombres y mujeres que creen que el amor se esfumó porque las sensaciones disminuyeron, porque la "taquicardia" que sentían se desvaneció sin más, porque la emoción por verlo desapareció y el hastío y la monotonía reinan en la casa.

Lo más lamentable de esto es que la queja está presente, pero no se plantea claramente el problema para buscar la solución. Y si al fin deciden tratarlo, se habla con resentimiento, que más que un planteamiento es un reclamo y, como tal, la contraparte lo interpreta como un berrinche o niñería. Cuando existe verdadero amor, hay compromiso y responsabilidad. Vale la pena luchar por lo que se quiere, pero siempre escucha lo que dice tu voz interior. Llena tu vida de amor. Inicia limpiando tus emociones negativas y diles adiós mostrando una actitud diferente.

Deseo que recuerdes que Dios te dio la vida para ser feliz, te sugiero hacer tuyas las palabras del gran escritor Gabriel García Márquez: "Nadie merece tus lágrimas, y quien las merezca, no te hará llorar".

Tras despedirse
de una pareja

No hables de los afectos perdidos;
los afectos nunca son perdidos,
si enriquecen el corazón de otros;
sus aguas se vuelven a su fuente
como lluvia refrescante.

Henry Wadsworth Longfellow

Hay quienes después del adiós se recuperan rápidamente, también hay quienes sienten que el proceso es extenuante, un verdadero calvario. Las causas de estos extremos son muchas y variadas: la intensidad del amor vivido, el apoyo de familiares, amigos e incluso terapeutas. A esto se suman los valores inculcados desde la infancia, la forma en la que quien lo vive soluciona continuamente las crisis; la autoestima que se tiene, los daños ocasionados durante la relación y la actitud para superar el dolor.

Quien sufre un rompimiento sentimental frecuentemente pasa por todas las etapas de duelo que se atraviesan en la muerte de un ser querido: negación, enojo, negociación, tristeza o depresión y aceptación. Hay quienes optan por negar lo sucedido y creer que el rompimiento no está sucediendo. "¡Regresará y me pedirá perdón!"; "¡Ya verás, estará hincado pidiéndome que vuelva!", pero el tiempo pasa y nada sucede.

La negación también es evidente al negarnos a aceptar lo que vivimos: "Di tanto amor, me entregué a tal grado, que no creo merecer esto"; "No entiendo por qué le creí"; "¡No puedo creer que haya sido tan bruto!", frases más, frases menos, el hecho es que negamos lo sucedido. Buscamos culpables y nos sentimos víctimas de las circunstancias.

Durante la etapa del enojo puede desencadenarse un gran resentimiento capaz de llevarnos a cometer las peores locuras; el riesgo es mayor si cuenta con la "asesoría" de amigas, en las mismas circunstancias y con heridas similares que creen y afirman que todos los hombres son iguales (por cierto, no todos somos iguales). Durante la etapa de ira, coraje o resentimiento pueden expresarse palabras que hacen que esa relación, de por sí ya muy dañada, termine en malos términos. El arrepentimiento por lo que se hace o dice generalmente se presenta. Si el rompimiento se dio, no olvidemos rescatar la poca o mucha dignidad que nos queda evitando caer en el juego de la provocación.

Si por alguna razón esa relación terminó, demostremos nuestra educación y dignidad. Recordemos que la gente nunca olvida dos momentos: cuando llegamos y cuando nos vamos. Qué importante es la etapa de negociación, ya que empezamos a realizar el recuento de los daños y a analizar los antecedentes que pudieron orillar al rompimiento de una relación quizá deteriorada.

Buscamos dentro de nosotros mismos las razones de lo vivido. ¿En qué fallamos? ¿Qué factores contribuyeron a que sucediera? La familia y los amigos participan y opinan para bien y para mal: "¡No te apures, un clavo saca a otro clavo!"; "¡Viejas hay muchas, no te ahogues en un vaso de agua!", "¡No sabe lo que perdió!", y exclamaciones similares.

En la etapa de negociación buscamos, también, las razones que nos ayuden a comprobar que el rompimiento fue lo mejor que pudo haber pasado, aunque nos mintamos. Negociamos la forma de salir del pozo. Hay quienes superan la crisis tras esta etapa; aceptan lo sucedido. Hay quienes no.

Posteriormente, la mayoría se instala, por algún tiempo, en la etapa de depresión y tristeza. Y más cuando valoran lo que era y ya no es; cuando la soledad incomoda; cuando los recuerdos afloran y se anhela revivir un pasado que no regresará. Es una etapa que puede prologarse si no se busca la ayuda necesaria para transitarla. No es bueno minimizar los signos y síntomas de quien sufre una decepción amorosa; si es allegado, brindémosle ayuda con base en nuestras posibilidades. Si no nos sentimos los indicados para hacerlo, invitémoslo a que busque la ayuda de un profesional. El nivel de afectación durante la etapa depresiva puede ser evaluado a través de los siguientes focos rojos:

- *Aislamiento.* No desea ver a nadie. Busca la soledad y evita el contacto físico con amigos y familiares.
- *Baja productividad escolar o laboral.* El rendimiento se ve fuertemente afectado.
- *Deterioro en la salud.* Pérdida de apetito, enfermedades gastrointestinales, mal humor, presencia de alteraciones en la piel y en el estado general.
- *Pérdida de interés por actividades que anteriormente disfrutaba.* Desinterés por hobbies y pasatiempos.
- *Evita hablar de lo que le sucede.* Evita compartir sus sentimientos aun con las personas con las que siempre ha confiado.

La última etapa es la de aceptación. Lo queramos o no, sucedió. Aceptamos que no podemos regresar el tiempo y evitar lo sucedido. En la ruptura amorosa el tiempo siempre suele ser buen aliado, tiende a ayudar a aminorar el dolor; todo pasa, y conforme transcurre el tiempo tendemos a reiniciar nuestra vida. Aprendemos de lo vivido y buscamos la forma de estar bien a pesar de la ausencia.

Llegamos a la etapa de aceptación cuando podemos afirmar que nos sentimos emocionalmente estables, cuando fomentamos nuestras relaciones con los demás y volvemos a la vida productiva. Quien se haya despedido de una pareja a quien verdaderamente amó, sabe que no es fácil. Lo más rescatable de esta experiencia es que nos ayuda a madurar y, tras ello, la vida no se percibe igual. Quien lo ha vivido, además, aprende a reconfortar a quien sufre lo mismo porque conoce la intensidad del dolor.

Recibí un excelente mensaje titulado "El camino del amor". Desconozco el autor, pero debería ser leído por las mujeres y hombres que no han tenido éxito en el amor. ¿Será por lo que expresa este maravilloso texto? Te comparto un extracto:

Sólo cuando estés bien contigo mismo podrás estar bien con los demás.

Sólo cuando manejes tu soledad, podrás manejar una relación.

Necesitas valorarte para valorar, quererte para querer, respetarte para respetar y aceptarte para aceptar, ya que nadie da lo que no tiene dentro de sí.

Ninguna relación te dará la paz que no crees en tu interior. Ninguna relación te brindará felicidad que no construyas.

Sólo podrás ser feliz cuando seas capaz de decir: "No te necesito para ser feliz".

Sólo podrás amar siendo independiente, hasta el punto de no tener que manipular ni manejar a los que dices querer.

Sólo se puede ser feliz cuando las personas se unen para compartir su felicidad, no para hacerse felices la una a la otra.

Para amar necesitas una humilde autosuficiencia, necesitas autoestima y la práctica de una libertad razonable.

Pretender que otra persona nos haga felices y llene todas nuestras expectativas es una fantasía narcisista que sólo trae frustraciones.

Por eso anímate mucho, madura, y el día que puedas decirle al otro: "Sin ti estoy bien", entonces estarás más preparada(o) para vivir en pareja.

Nos hemos educado con la idea de la "media naranja", lo que implica que somos incompletos y que necesitamos de la otra persona para sentir plenitud.

Aparecen frases como: "Me hace sufrir"; "No me comprende" y permanecemos atados a relaciones donde seguimos esperando que algo externo a nosotros cambie y nos traiga paz, equilibrio, amor y felicidad.

Nada encontraremos en la otra persona si primero no lo hallamos en nosotros.

¿Qué aprendí?

Por más larga que sea la tormenta,
el sol siempre vuelve a brillar entre las nubes.

Khalil Gibran

S i dentro de todo el dolor se puede rescatar un aprendizaje, habrá valido de algo sobrellevar la pena. Probablemente el aprendizaje consistirá en reconocer a quién le damos nuestra confianza y por qué; en controlar las emociones o en querernos un poco más. Las posibilidades son infinitas. Sin afán de generarnos dolor es conveniente formularnos una serie de preguntas que pueden ayudarnos en futuras relaciones, no sólo amorosas, sino de todo tipo. La falta de prudencia y entendimiento puede ser un aprendizaje doloroso pero necesario.

○ ¿Cuántas palabras se dijeron a destiempo?
○ ¿Qué no dije que debí haber dicho?
○ ¿Qué expresé que no debí haber dicho?

○ ¿Me propuse cambiar a quien tanto amé? ¿O lo acepté tal y como era?

○ ¿Se formularon y respetaron las reglas del juego?

○ ¿Hubo influencia de terceras personas en esta relación? ¿Esa influencia fue positiva o negativa?

○ ¿Qué carencias encuentro dentro de mí que quise obtenerlas en mi relación de pareja?

○ ¿Qué pude haber hecho para evitar el rompimiento? (Sé que esta pregunta puede causar dolor y malestar, pero si tu objetivo es tener un aprendizaje, es bueno formulártela.)

○ ¿Traté a mi pareja como hijo o hija? Si se hace, lo común es que la persona se comporte como niño, mientras que el otro lo sobreprotege, invariablemente, la fórmula deriva en conflicto.

Cuando se sufre con alguna pareja, rehusamos a cuestionarnos cosas que nos hagan sentir peor. Es una especie de mecanismo de defensa; sin embargo, es precisamente esos momentos los que son propicios para el aprendizaje. Podemos buscar culpables, pero también debemos tener la mente fría, pensar con la cabeza y no con las emociones. Existen personas que están programadas para buscar parejas difíciles o inestables, otras que por la soledad o la necesidad de sentirse amadas, aceptan al primer postor.

Cuando tenemos hambre disminuyen las expectativas de calidad en el alimento que consumimos, comemos cualquier cosa, no elegimos. Si estamos hambrientos emocionalmente, hacemos lo mismo. Necesitamos ser selectivos, si deseamos una relación de pareja constructiva, sin apuro y presión, pues ésta es una de las decisiones más importantes de la vida.

Qué importante es rodearnos de gente que nos aporte motivos para nuestra felicidad. "El que con lobos se junta a aullar se enseña". Los amigos y familiares pueden ser una excelente influencia para que reencontremos nuestro camino. Pero también puede ser una influencia negativa al presionarnos con lo que deberíamos o no hacer. Cuántos casos conocemos de jóvenes que casi son obligados por sus padres a andar con determinada persona porque: "Es un excelente partido, ¡no encontrarás a alguien igual!". Pero, como sabemos, en el corazón no se manda. También puede suceder lo contrario: "¡Esa persona no me gusta para ti!"; "¡Creo que mereces algo mejor!"; "¿No te das cuenta que se está burlando de ti?".

Claro que el comentario puede tener fundamento, pero es necesario que analicemos fríamente todos y cada uno de los argumentos que nos den para que desistamos de esa relación. Puede haber muchos motivos para alejarnos de alguien. Es bueno escuchar nuestra voz interior que constantemente estará dispuesta a asesorarnos, siempre y cuando procuremos los silencios y los momentos de tranquilidad. Y no olvidemos el poder que tiene la oración, siempre será benéfica en la toma de decisiones trascendentales y simples.

Si la relación llegó a su fin, es fundamental deshacernos de todos los objetos que nos recuerden a la persona en cuestión: limpiar la casa, mover muebles, tirar, regalar, romper o devolver. Pero no seguir añorando, ni conservar nada que evoque el pasado; necesitamos dar la vuelta a esa página de la vida. Todo pasa y es bueno no olvidarlo. Hay que llorar si es necesario, pero también retirar de nuestra vista los recuerdos. Si te cuesta trabajo deshacerte de algo, guárdalo en una caja con la consigna de que será temporal. Si necesitas escribir todo lo que sientes, ¡adelante! Sólo rompe o quema lo escrito. Si también se te dificulta deshacerte de ello, guárdalo en una caja, con el resto de los recuerdos, y séllala.

Realiza, si es necesario, el proceso de perdón. Perdonar desde lo más profundo de nuestro corazón los agravios, frutos de inmadurez de personas, circunstancias y hechos que seguramente no podremos remediar en ese momento. El proceso de perdón siempre se puede poner en marcha. Dí desde el fondo del corazón: "Donde quiera que estés te perdono y te libero". Deséale el bien y la prosperidad a esa persona y verás que, al paso del tiempo, eso mismo se revertirá hacia tu persona, pero multiplicado.

Todo ocurre por algo y más para quienes tenemos fe. Es de suma importancia decretar y afirmar que no nacimos para sufrir; pedir a Dios el don de la sabiduría para sobrellevar la pena. Pedir la claridad mental para entender qué es lo que el Creador quiere de nosotros. Y, sobre todo, agradecer por lo vivido y a pesar del dolor que nos embarga.

Reitero, de todo se aprende. Todas y cada una de las vivencias tienen un aprendizaje, y depende de nosotros aprovecharlo o tropezar con la misma piedra. Increíble, pero los seres humanos, con todo y conciencia, tendemos a cometer una y otra vez los mismos errores, y más cuando de amores se trata. Cuando leí el siguiente pensamiento me impactó, por eso lo comparto contigo:

Existen personas que pasan la vida apenas mirando para abajo, reclamando por todo y preocupadas solamente por sí mismas.

Existen otras que están mirando siempre para atrás, nostálgicos, lamentando el tiempo que ya pasó, queriendo arreglar el pasado.

Existen todavía aquellas que viven mirando para los lados, comparándose con los otros, generalmente con envidia, y queriendo siempre ser mejor que los demás.

Existen también las que permanecen viendo para el frente, buscando siempre nuevas alternativas, fijándose siempre en la construcción del futuro.

Finalmente existen aquellas que viven mirando para arriba y buscando inspiración; para adelante procurando construir un futuro mejor; para los lados, consolidando amistades; para atrás, aprendiendo del pasado y para abajo buscando excelencia personal.

Y procediendo así, son éstas las personas que conquistan la felicidad.

Empezar
de nuevo

*Al verdadero amor no se le conoce por lo que exige,
sino por lo que ofrece.*

Jacinto Benavente

Quien vive una ruptura amorosa, sufre en proporción a lo que esa persona significó en su vida: experiencias maravillosas y tristes; duración de la relación; afectos comunes; sueños truncados; recuerdos memorables y demás; por tanto, son diversos los factores que determinan la intensidad del duelo. Habrá quienes se recuperan inmediatamente, mientras que otros afirman: "¡No quiero ni deseo volver a empezar una relación!"; "¡Ya sufrí demasiado!"; "¿Volver a empezar de cero? ¡Mejor no!".

En el proceso de duelo es normal expresar este tipo de frases. No es momento de pensar. El duelo se transita y el tiempo siempre es un buen aliado para sobrellevar la pena; con el transcurso de éste, los ánimos se calman y las cosas retoman su dirección. La necesidad de compartir tus momentos con alguien, de dar y aceptar amor, vuelven a ser una realidad en la mayor parte de los casos. Si la relación anterior dejó aprendizaje, en adelante seremos más cautelosos en los pasos a dar.

Si tu intención es aprovechar el pasado para tu crecimiento y aceptas abrir tu corazón para la llegada de una persona ideal, te recomiendo reflexionar en torno a los siguientes puntos que considero fundamentales:

- ○ *Recuerda que el amor se atrae.* No olvides que al igual que la ley de la atracción, mucho de lo que nos ocurre inició con un pensamiento. Me sorprendo de la gran facilidad que tienen muchos hombres y mujeres para encontrar el amor aun cuando físicamente no son muy agraciados. ¡Feos como un automóvil por abajo, pero con un pegue que ya lo quisieran los más galanes! Claro que "verbo mata carita", ¡pero a veces ni verbo, ni carita! Quien se siente atractivo actúa como tal. Quien se siente horroroso actúa como eso. Realizar y promover en lo simple actos de amor y bondad, atrae amor. Una persona amable y servicial, siempre tendrá ese "no sé qué" que la hace magnética. Pequeños actos de amor atraen pequeños y grandes amores. Recomiendo poner en práctica esto, te aseguro que llegará lo que esperas.
- ○ *Recuerda practicar el poder de la visualización y la planeación.* Un barco que navega a la deriva y sin rumbo será presa fácil de cualquier ventarrón, para que esto no te suceda, te recomiendo elaborar una lista de compatibilidades. Ten presente las características o los aspectos que te gustaría que tuviera tu futura pareja. Atiende a cada detalle: descripción física (tampoco hay que exagerar, digamos que requieres

elaborar una descripción realista y acorde a tu realidad, me explico, ¿verdad?), edad, nivel sociocultural
y económico; afinidad espiritual. Sé lo más específico
posible.

En la lista, incluye los tres requisitos mínimos indispensables que debe tener la persona que esperas,
deben ser claros y precisos, al grado de que si faltase
uno de ellos en el prospecto, no se estaría en la disposición de iniciar una relación. Los requisitos deben
sustentarse en los principios y valores que consideras
básicos en alguien con quien estés dispuesto a compartir la vida. Estoy consciente de que el noviazgo es
para conocerse y que muchos de estos factores se tendrán que analizar conforme la marcha. Es saludable
recordar que cuando se trata del amor y se conocen
las expectativas, tendemos a centrarnos en lo que queremos ver, y no en el panorama completo.

○ *Muestra disposición.* Si permaneces todo el día en
casa o en tu trabajo, dificultará que el amor de tu vida,
que ya nació y anda por allí, te encuentre. Facilítale
las cosas acudiendo a lugares afines al tipo de gente
que deseas conocer; obviamente, considera tu lista.
Si no soportas a la gente trasnochadora y bailadora,
será complicado encontrar el amor en un antro. Te recomiendo realizar una "campaña publicitaria", pero
discreta, con estilo. Informa a amigos, compañeros de
trabajo y a familiares que estás en la mejor disposición de conocer a alguien; te recomiendo que cuides
el estilo, porque no falta quien hace una campaña
de promoción tan fuerte y agresiva, que se interpreta
como urgencia de encontrar lo que sea.

○ *Trabaja contigo mismo.* La principal fuente de frustración en una pareja es intentar cambiar al otro. Busca

acceder a las herramientas que te permitan curar las heridas de tu niño interior y alimenta al subconsciente, pues en esa parte de la mente se ponen en marcha diversos mecanismos que te rigen.

○ *Evita personas dañinas.* Aprende la lección y busca personas que te ayuden a crecer y a sentirte mejor. A las damas, las exhorto a invitar al tren de su vida, sólo a quienes cumplan con tres características: primera, cuidado con quien hable pestes de quien le dio la vida. Verifiquen cómo se lleva con su familia, puede ser un buen indicativo para visualizar cómo sería el futuro de esa relación. Segunda, generalmente, quien no tiene anhelos, sueños o ilusiones, tiende a fracasar en la vida porque no sabe lo que quiere ni a dónde va. Y tercera, cuidado con los flojos. Esa gente "arrastrada" que siempre se queja del trabajo y que lo conciben como un suplicio, todo les da flojera, y no manifiestan amor por lo que hacen. Un flojo arrastra a quienes comparten su vida con él. Si la miseria es una experiencia que te gustaría vivir, pues entonces: ¡adelante! Esa pareja puede ser tu gran maestro.

○ *Si ya se tiene una nueva pareja y las cosas no van bien, intenta cambiar.* Quítate el velo del orgullo y analiza si el conflicto surge por exigir de más o por tener altas expectativas del ser amado. Recuerda que al mejorar uno mismo, mejora otro. Ahora, si hay muchas cosas que nos molestan de quien decimos amar, inconscientemente afirmamos que no es la persona correcta. No olvidemos que en las relaciones con los demás todo lo que nos pasa o lo provocamos o lo permitimos. Si la persona con la que estamos es quien merecemos, comenzará a darnos el amor que esperamos. Si no nos conviene, deberemos reflexionar por salud emocional, y decidir hasta qué punto prolongamos una relación que no tiene un buen futuro. Anaxágoras, célebre filósofo griego dijo: "Si me engañas una vez, tuya es la culpa. Si me engañas dos, la culpa es mía".

El placer de amar a alguien se transforma en un infierno cuando uno no se siente correspondido. Una relación de pareja sana es aquella que se construye para estar mejor de lo que se está en soledad. Ambos hacemos lo que está a nuestro alcance para hacer de la experiencia vital algo más positivo y favorable; pero si sucede lo contrario, la relación es destructiva. Tener una pareja no debería implicar competir, cambiar al otro o descargar los traumas que padecemos. No es posible encontrar respuestas a todo lo que vivimos, pero sí podemos decidir la actitud con la que afrontamos lo que vivimos. Para terminar con este capítulo, quiero compartir contigo un maravilloso texto, escrito por Victor Hugo en el siglo XIX. El cual me dio las palabras exactas y necesarias para plasmar lo que deseo para ti en estos momentos:

DESEO

Te deseo primero que ames,
y que amando, también seas amado.
Y que, de no ser así, seas breve en olvidar
y que después de olvidar, no guardes rencores.
Deseo, pues, que no sea así, pero que si es,
sepas ser sin desesperar.

Te deseo también que tengas amigos,
y que, incluso malos e inconsecuentes,
sean valientes y fieles, y que por lo menos
haya uno en quien confiar sin dudar.

Y porque la vida es así,
te deseo también que tengas enemigos.
Ni muchos ni pocos, en la medida exacta,
para que, algunas veces te cuestiones
tus propias certezas, y que entre ellos,
haya por lo menos uno que sea justo,
para que no te sientas demasiado seguro.

Te deseo además que seas útil,
más no insustituible.
Y que en los momentos malos,
cuando no quede más nada,
esa utilidad sea suficiente para mantenerte en pie.

Igualmente te deseo que seas tolerante,
no con los que se equivocan poco,
porque eso es fácil, sino con los que
se equivocan mucho e irremediablemente,
y que haciendo buen uso de esa tolerancia,
sirvas de ejemplo a otros.

Te deseo que siendo joven no
madures demasiado de prisa,
y que ya maduro, no insistas en rejuvenecer,
y que siendo viejo no te dediques al desespero.
Porque cada edad tiene su placer
y su dolor y es necesario dejar
que fluyan entre nosotros.

Te deseo de paso que seas triste.
No todo el año, sino apenas un día.
Pero que en ese día descubras

que la risa diaria es buena, que la risa
habitual es sosa y que la risa constante malsana.

Te deseo que descubras
con urgencia máxima, por encima
y a pesar de todo, que existen,
y que te rodean seres oprimidos,
tratados con injusticia y personas infelices.

Te deseo que acaricies un perro,
alimentes un pájaro y oigas un jilguero
erguir triunfante su canto matinal,
porque de esa manera
te sentirás bien por nada.

Deseo también que plantes una semilla,
por más minúscula que sea, y que la
acompañes en su crecimiento,
para que descubras de cuántas vidas
está hecho un árbol.

Te deseo también que tengas dinero,
porque es necesario ser práctico,
y que por lo menos una vez
por año pongas algo de ese dinero
frente a ti y digas: "Esto es mío",
sólo para que quede claro
quién es dueño de quién.

Te deseo además que ninguno
de tus afectos muera, pero que si
muere alguno, puedas llorar
sin lamentarte y sufrir, sin sentirte culpable.

Te deseo por fin que, siendo hombre
tengas una buena mujer y, que siendo
mujer, tengas un buen hombre,
mañana y al día siguiente, y que cuando
estén exhaustos y sonrientes,
hablen sobre amor para recomenzar.

Si todas estas cosas llegarán a pasar,
no tengo más que desearte.

El adiós
y la amistad

¡Con esos amigos para qué quieres enemigos!; ¡Dime con quién andas y te diré quién eres!; ¡El que con lobos se junta... a aullar se enseña! Las amistades que creamos, influyen mucho en nuestro carácter y comportamiento, de ahí los refranes. A pesar de tener "amigos problemáticos", no falta quien, por no perder la comodidad o por el temor a quedarse solo, cultiva una amistad que ha dejado de ser confiable, con alguien que es cuestionable, no digno de aprecio.

Los amigos contribuyen, en gran medida, a conformar nuestra vida. Su afecto, su cercanía e interés por nuestros actos pueden ayudarnos a crecer, u ocasionar inestabilidad, incluso dañarnos. Muchas veces hemos presenciado escenas desagradables donde los mejores amigos se pelean constantemente, porque uno pretende influir en las opiniones y actitudes del otro.

Una amistad se cultiva con tiempo para que sea fuerte, sólida, estable y apreciada. Claro que pueden existir conflictos o desavenencias, pues cada persona es distinta, cada cabeza es un mundo y no es posible concordar en todo. Sin embargo, con prudencia, con tolerancia y con madurez, se logrará salvar cualquier obstáculo que pudiera empañar la amistad.

He querido incluir este capítulo referente a la amistad, por el gran significado que tienen los amigos en nuestra vida, por el valor y la fuerza que representan. Quien encuentra un amigo, encuentra un tesoro. Decía Benjamin Franklin: "Sé lento en escoger a un amigo, y más lento en cambiarlo".

Deseo que los siguientes conceptos te ayuden a analizar, en primera instancia, si puedes considerarte un buen amigo, y no alguien de quien deberían prescindir. Es sorprendente cómo algunas personas, con muchos años de cultivar una amistad, se separan por conflictos considerados "sin importancia", pero que en el fondo anidan resentimientos surgidos tiempo atrás, detalles desagradables que se acumulan con el paso del tiempo, y que explotan en una crisis irreconciliable.

Un verdadero amigo respeta tu centro sagrado. Te preguntarás qué significa eso; hace tiempo escuché al padre Alberto Cutié, quien era conductor de radio y televisión en Miami, hablar de ese centro que está en cada uno de nosotros. Él exhortaba a cuidar a quién se le da cabida en ese importante lugar. Sólo un verdadero amigo es quien tiene derecho a conocer ese sitio especial de nuestro interior.

El "centro sagrado" es el lugar más profundo del ser, aquel que guarda nuestros sentimientos más fuertes, nuestras carencias más intensas, nuestros temores y debilidades, así como lo que más apreciamos en la vida: nuestras esperanzas y los sueños por cumplir. En otras palabras, es donde reside nuestro verdadero amor y es la morada que alberga nuestras relaciones íntimas. Y como es una parte especial dentro de nosotros se le puede denominar "centro sagrado".

Hay personas tan trasparentes en su forma de ser que comparten fácilmente todo lo que contiene dicho centro. Personas que son tan abiertas y que sin temor alguno comparten anhelos e ilusiones. Incluyo en este grupo a quienes están tan necesitados de afecto, tan desesperados por tener una relación, que bajan la guardia y confían en quien demuestra algo de consideración. Hay también quienes por experiencias vividas son tan cerrados y desconfiados que se les dificulta compartir sus sentimientos y emociones por temor a ser heridos, son los mismos que en el pasado confiaron en personas que no fueron las indicadas, y que al abrirles "su centro sagrado" fueron dañados moral o psicológicamente. Amistades falsas, lobos disfrazados de corderos que se burlaron de la confianza depositada.

Al conocer a alguien lo tratamos superficialmente, depende de cada uno decidir si avanzamos en esa relación o si nos detenemos, cerrándole la puerta de nuestro centro. Hay quienes son más cautos y demoran en arriesgarse a externar su confianza hasta sentirse seguros. Otros bajan la guardia más rápido.

Lo ideal, desde mi punto de vista, es buscar el equilibrio, pero ser precavidos al decidir en quién podemos confiar. Es imposible desligar el amor de la confianza. No podrá expresar amor y abrir sus sentimientos a una persona, aquel que no confía en ella. Claro que debemos permitirnos tomar ciertos riesgos; evitar caer en la tentación de creer que porque alguien no valoró la confianza dada, el resto responderá de la misma manera.

Por lo que quiero compartir siete conceptos que pueden ayudarte a confirmar si eres merecedor de la amistad de quienes confían en ti. Analiza, además, si alguien en quien confías merece recibir los sentimientos de tu "centro sagrado":

○ *Un verdadero amigo te respeta y respeta a los demás.* Es muy saludable analizar si existe el respeto a tu persona, a tus creencias y tus sentimientos. Verifica cómo trata a los demás incluyendo a los miembros de su familia, considera que, tarde o temprano, te tratará de la misma manera.

○ *Un verdadero amigo comparte tus valores morales y éticos.* Esos principios inherentes a tu persona y que te hacen ser como eres. Respete la honestidad, disciplina y costumbres que has forjado con base en dichos valores.

○ *Un verdadero amigo es afectuoso contigo.* Evita la indiferencia, la frialdad emotiva y el comportamiento manipulador. Sabe expresarte lo que siente y te motiva a hacer lo mismo.

○ *Un verdadero amigo habla con la verdad.* La mentira no es su tarjeta de presentación. Es alguien honesto consigo mismo y ese valor lo transmite a través de una actitud sincera. Olvídate de quienes utilizan la mentira como estrategia. Si le miente a otros, ¿por qué a ti no? El origen de la palabra "sincera" se remonta a la antigüedad, se hacían esculturas con cinceles y algunas se rompían en fragmentos, por lo que se restauraban pegándolos con cera. Las piezas que no tenían fallas, que no habían sufrido rotura alguna durante su elaboración se vendían más caras y ostentaban la siguiente leyenda: "sin cera". Esas piezas eran considerada más valiosas, porque eran "auténticas".

○ *Un verdadero amigo trata de comprenderte.* Se pone frecuentemente en tus zapatos, buscando entender tu punto de vista. Sabe respetar tus opiniones, necesidades y decisiones.

○ *Un verdadero amigo sabe escucharte.* Fomenta el hábito de saber escuchar con el cuerpo y el corazón. Tú detectas quién tiene ese gran arte. Dios nunca se equivoca, por eso nos dio dos orejas y una sola boca, "para escuchar el doble de lo que hablamos". Por eso a quien habla y habla sin parar y además no escucha, "le ponemos las cruces". Nos harta quien no permite escuchar otros argumentos y habla solamente de lo que le interesa y conviene. No sabe escuchar. Desea ser siempre el protagonista en el diálogo y bloquea la participación de los demás, y cuando alguien, por fin, toma la palabra, el parlanchín desea ansiosamente interrumpir para continuar.

El amigo que verdaderamente escucha, interpreta los sentimientos del otro. Utiliza el *rapport*, es decir, imita las emociones de quien cuenta algo. Comparte el sentimiento de alegría y tristeza que el amigo expresa. Se nota que vive lo que escucha y lo hace por empatía. No cabe duda que saber escuchar es un verdadero arte y, como tal, tiene que fomentarse permanentemente. Se logra con base en la intención y el esfuerzo. Epicteto escribió: "Así como existe un arte de bien hablar, existe también el arte de bien escuchar".

○ *Un verdadero amigo respeta tu opinión o tu punto de vista sobre algún asunto.* Escucha tus argumentos con respeto, aunque no concuerden con los suyos. Busca una solución conjunta y respeta tu decisión final. Esto no siempre es fácil, menos cuando se cree tener la razón. Es recomendable evitar discusiones sobre temas en los que cada quien tiene gustos y preferencias particulares, como la política, los deportes y la religión, así como aquellos donde están de por medio los valores y principios personales. El derecho a expresar una opinión, una idea o un sentimiento nos corresponde a todos, por ello merecemos ser escuchados y respetados. He aprendido que en cualquier discusión siempre hay tres verdades: tu verdad, mi verdad y la verdad. Cuando surgen diferencias de opinión, el énfasis debe estar en identificar las razones por las que cada quien defiende su postura, esforzarnos en entenderlas y no en refutarlas.

En una discusión donde se impone sin derecho a réplica la voluntad de una de las partes, ¿quién gana? Nadie. El que se impone se quedará con dudas, el otro se sentirá lastimado. En el fondo, nadie estará satisfecho. Es mejor aplicar la regla de "exponer mi verdad, escuchar tu verdad y encontrar entre las dos algo en común".

De joven, viví una experiencia desagradable relacionada con la amistad. Alguien que decía ser mi amigo, mi amigo del alma, cambió de pronto su actitud hacia mí. Sin explicación alguna me trato con frialdad e indiferencia, como si fuera un desconocido. Pensé que su actitud era consecuencia de algo y me propuse averiguar la causa. Al cuestionarle su comportamiento y qué sucedía obtuve por respuesta: "¡Nada!", el tono fue más glacial que un témpano. Insistí: "¿Algo hice o dije que te molestó?". Su respuesta fue la misma: "¡Nada!".

Fue un desgaste para mí tratar de adivinar por qué sentía hacia mí eso que se parecía al rencor. Qué forma tan magistral de poner en práctica su indiferencia para llamar mi atención. No obstante que esto sucedió, como dije, en mi juventud, cuando tenía muchos amigos, una novia que me quería, una familia unida y unos padres amorosos, me dolió profundamente su actitud, sobre todo por desconocer la razón de su comportamiento, de su apatía. Fue muy penoso porque nuestra amistad había sido muy sólida o eso creí.

Con el paso del tiempo y las experiencias adquiridas, aprendí que los verdaderos amigos hablan y tratan de arreglar sus diferencias. Un amigo que se siente agredido te confronta, habla sin tapujos, con el corazón, y expresa: "¡Me dolió esto que me hiciste!", con ello, te da la oportunidad para explicarte o aceptar tu responsabilidad. Aquel amigo, en cambio, nunca me dio el derecho de réplica.

Años más tarde lo encontré, estaba en una actitud distinta y, hasta entonces, me hizo saber "su razón": le dijeron que yo había comentado algo negativo sobre él, en otras palabras, le contaron ¡un chisme! Por un chisme sin fundamento echó por la borda una larga amistad, por un comentario que jamás hice, abandonó una relación que yo creía basada en el respeto y la confianza.

Cuando le aclaré que jamás hice tal cosa, su turbación fue más fuerte que su enojo. Intentó rehacer la amistad y por más que quisimos que fuera como antes, no volvió a ser igual. Sigue el trato, pero no puede ser el mismo. Desde luego no es porque sienta rencor, simplemente la gente y las circunstancias cambian. Los ciclos que conforman nuestra vida inician y terminan; el diálogo, el buen trato y la confianza deben alimentar siempre una relación de amistad para lograr que perdure.

Decir adiós a un amigo es algo que duele, porque ocupaba un lugar en el corazón. A veces llamamos "amigos" a todas las personas conocidas y el título les queda bastante grande. Te pido que analices los siete conceptos expuestos y que, con base en ellos, verifiques el valor que le das a la amistad. ¿Eres un verdadero amigo o alguien apto para un adiós definitivo?

La canción de las personas

Cuando una mujer de cierta tribu de África descubre que está embarazada, se va a la selva con otras mujeres y juntas rezan y meditan hasta que aparece "la canción de la nueva criatura". Cuando nace el bebé, la comunidad se junta y cantan su canción.

Luego, cuando el niño comienza su educación, el pueblo se junta y le cantan la canción.

Cuando se convierte en adulto, la gente se junta nuevamente y canta. Cuando llega el momento de su casamiento, la persona escucha su canción.

Finalmente, cuando su alma está próxima a irse de este mundo, la familia y los amigos se aproximan y, al igual que en su nacimiento, le cantan su canción para acompañarle en el "viaje".

En esta tribu de África hay otra ocasión en la cual le cantan la canción. Si en algún momento de la vida, la persona comete un crimen o un acto social aberrante, lo llevan al centro del pueblo y la gente de la comunidad forma un círculo a su alrededor. Entonces le cantan su canción.

La tribu reconoce que la corrección de las conductas antisociales no es el castigo. Es el amor y el afianzamiento de su verdadera identidad. Cuando reconocemos nuestra propia canción ya no tenemos deseos ni necesidad de perjudicar a nadie. Tus verdaderos amigos conocen tu canción y la cantan cuando tú la olvidas.

Aquellos que te aman no pueden ser engañados por los errores o las oscuras imágenes que muestras a los demás. Ellos recuerdan tu belleza cuando te sientes feo; tu integridad cuando estás quebrado; tu inocencia cuando te sientes culpable y tu propósito cuando estás confuso.

¿Qué decir a quien sufrió otro tipo de pérdida?

Si hay algo que duele más que la ingratitud,
es la incomprensión.

Amado Nervo

¡La creatividad de los mexicanos es asombrosa! No dejo de sorprenderme cómo hacemos de lo complejo algo simple y cómo podemos facilitarnos la vida con composturas hechizas. Somos muy buenos para salir de atolladeros, al justificarnos cuando decimos cosas que no debimos. Somos buenos para encontrar excusas ante la falta de responsabilidad.

También tendemos a usar frases huecas que, analizándolas, no ayudan en nada para reconfortar durante una crisis. He aquí unos ejemplos: "Oye, fíjate que me quedé sin trabajo"; y ahí viene la frase típica: "No te agüites... ¡échale ganas!", como si con esa frase la gente fuera a decir: "¡Perfecto! Gracias a que me dijeron '¡échale ganas!', ¡le echaré todas las ganas!". Al igual que otras con connotación similar como "¡tú puedes!", y más por el estilo. Sé que van llenas de buenos deseos, pero ante una pérdida material, nada mejor que analizar la forma de ayudar a quien la tuvo. A lo mejor no será posible colaborar directamente, pero sí es factible sugerirle a dónde o a quién acudir. El sentido de urgencia que manifestemos en esos momentos es fundamental. Qué manera de hacer sentir mal a quien pierde algo, cuando éste percibe que los demás no entienden su dolor. Es difícil aceptar que no entiendan el significado de la pérdida en sí para nosotros o la frustración que sentimos por determinada pérdida material.

Hace tiempo, en mi programa de radio entrevisté a un experto en programación neurolingüística y compartió algo que, estoy seguro, puede ayudar en estos casos en los cuales no encontramos las palabras adecuadas para reconfortar a quien sufre una pérdida de algún tipo.

Hablaba de la empatía con quien sufre, a través del lenguaje corporal. De cómo imitar las emociones de quien se acerca a compartirnos su pérdida. Es ese *rapport* que realizamos con quien se acerca y nos dice que está desesperado por la pérdida de un proyecto que tanto valoraba. Si esa persona llega con esa zozobra, qué desafortunado es toparse con alguien que sonriendo dice: "¿A poco por eso estás así? ¿Eso es todo lo que tienes? ¿Por eso tan simple y tan sin importancia estás con esa cara? ¡No te apures! ¡Yo tengo problemas peores!".

Claro que podemos tener problemas más grandes y trascendentes, pero para quien nos confía su pena, él tiene el problema más grande en ese momento. Ayuda y reconforta cuando alguien nos dice: "¡Yo también perdí un reloj hace tiempo!", o "¡claro que sé cómo te sientes, porque yo también choqué un automóvil nuevo el mismo día que salió de la agencia!", esos comentarios sí reconfortan, y mucho.

Pero para que esto suceda, el comentario tiene que ir acompañado de una dosis de empatía y *rapport* con quien sufre. Un sentimiento de compasión y disposición de acompañarlo en su pena. No es fácil y peor aún si en el momento en que comparten contigo ese dolor tu estado anímico es maravilloso y prácticamente sin problemas.

No menospreciemos ni minimicemos la intensidad de la pena de quien perdió algo, porque no sabemos el precio emocional o material que representaba. Quien pierde un objeto de valor puede pasar por todas las etapas del duelo.

Imposible olvidar la ocasión en la que me robaron una computadora personal. Fue extraída del interior de mi automóvil estacionado en un establecimiento comercial y fue en menos de tres minutos; como siempre, nadie vio nada. Sentía tanto coraje y frustración por este hecho y más por la información sin respaldo que tenía ahí. Sin duda, lo que más me dolió fue el contenido de un libro que nunca salió a la luz.

Pasé por todas las etapas del duelo: primero la negación del hecho: "No puede ser que alguien haya roto el cristal de mi automóvil y haya sacado mi computadora. ¡Estuve en esa farmacia sólo tres minutos! ¡No puede estar pasándome esto a mí! ¡Es imposible que haya habido alguien acechándome cuando me estacioné en este lugar tan transitado!".

Pero lo hecho, hecho está. Lo quiera o no, de nada sirve seguir con la negación. Tardé varios minutos en que "me cayera el veinte" de lo que sucedió. Luego vino el enojo, el coraje, el deseo hacia la bola de malandrines que asaltan continuamente a quienes trabajamos honestamente, de que tengan el peor de los castigos terrenales y no terrenales. El coraje no se hizo esperar y más cuando no puedes hacer nada por evitarlo: "¡Admito que estoy furioso!" "Acepto y reconozco que estoy muy enojado conmigo mismo por el poco cuidado que tuve al dejar mi computadora en el asiento posterior de mi automóvil, a la vista de quien pasara por ahí". "Acepto mi enojo en contra de quienes no tienen la mínima consideración de agarrar lo que no es suyo, y que además les importa un comino el daño que pueden ocasionar con su acción. Lo admito". Desde ese momento empecé a controlar ese nefasto sentimiento. Mi coraje disminuyó cuándo lo externé a otra persona, que me escuchó con mucha paciencia y comprensión, y que resultó que en alguna ocasión sufrió un robo similar.

Inicié el proceso de la negociación, buscando una intención positiva al hecho. ¿Qué puedo rescatar de bueno en esto que me sucedió? (Claro que agradecí que el suceso no haya pasado a mayores.) Por ejemplo, encontrarme cara a cara con el autor del ilícito; imposible saber a ciencia cierta qué consecuencias habría tenido, pues el riesgo de algo grave estuvo presente. Referente al libro, tal vez no debía ser publicado y otras cuestiones más que negocié conmigo mismo.

Pudieron presentarse etapas posteriores de tristeza, pero fueron superadas rápidamente. Es cierto, lo material va y viene, y si nos "enganchamos" en sucesos como éstos, perdemos una gran cantidad de energía. Rápidamente llegué a la etapa de aceptación. Recuerdo el hecho pero no me causa dolor. ¡Prueba superada!

Sirven los consejos. No faltó quien me recordó precisamente eso: lo material va y viene. Pero también las críticas se hacen presentes cuando no se conoce a fondo las razones del por qué de nuestras relaciones. Viene a mi mente un relato que hace varios años me compartieron:

Un hombre ponía flores en la tumba de su esposa, cuando ve a un chino poner un plato de arroz en la tumba vecina. El hombre le dice al chino: —¿su difunto vendrá a comer el arroz? —Sí —responde el chino—, cuando el suyo venga a oler sus flores.

Respetar las opiniones y los sentimientos del otro es una de las mayores virtudes que un ser humano puede tener. Las personas somos diferentes, por lo tanto actuamos y pensamos diferente. No juzguemos, solamente intentemos comprender.

Busca
una intención positiva

Lo que no me destruye, me fortalece.

Nietzche

Hace algunos años tuve una experiencia que probablemente todos, en su momento, la vivieron: prestar dinero. Quien me solicitó el préstamo, juró que necesitaba el dinero con urgencia para pagar el tratamiento médico de su hijo. Obviamente, por la amistad que nos unía y la urgencia del caso, no escatimé esfuerzo alguno en ayudarle a salir del problema. Le presté una cantidad que era significativa para mí.

Tiempo después me enteré de que su hijo nunca estuvo enfermo y de que el dinero que tanto necesitaba, lo utilizó para hacer un viaje de placer. Está por demás decirte que nunca me pagó, se hizo "ojo de hormiga". Me sentí decepcionado, molesto conmigo mismo y, de algún modo, humillado por el cinismo con que se aprovechó de mi buena fe. El estado prevaleció hasta que me di cuenta de que había sido engañado, no en la actualidad, porque con el paso del tiempo aprendí que ese tipo de emociones pueden ser causa de muchos padecimientos físicos que tienden a arraigarse en el cuerpo y causar estragos más graves.

Al platicar con una excelente amiga sobre lo que sentía a consecuencia del suceso, me dijo: "Mira, César, cuando me ocurren situaciones como esa, busco una intención positiva. Eso significa encontrar, entre lo malo que nos sucede, algún aprendizaje; tratar de quitar los juicios, porque tanto razonar acerca del asunto nos produce una especie de parálisis. Lo hecho, hecho está. Si tratas de 'buscarle más pies al gato', sufrirás. Detrás de ese hecho tan deshonesto, existió algo que haya orillado a esa persona a mentir y a actuar en esa forma. Esa es la 'intención positiva'". Al principio no acepté la idea de que en un acto como ése existiera una intención positiva.

No la busqué; sin embargo, hace unos días, viendo las noticias en la televisión, me sorprendió una declaración emitida por el señor Alejandro Martí, padre del menor Fernando Martí, que fue secuestrado y asesinado en la ciudad de México, aun cuando se pagó el rescate para preservar su vida. Fue un crimen que conmocionó a toda la sociedad, la gota que derramó el vaso ante la desesperación y el temor que padecemos por la violencia y la impunidad. En la entrevista, el padre del menor, notablemente consternado, dijo algo que llegó a lo más profundo de mi corazón, porque quienes tenemos la dicha de ser padres, podemos imaginarnos el tremendo sufrimiento que experimentan él y su familia: "Sentimos que a la muerte de nuestro hijo tenemos que encontrarle un sentido positivo. Nuestra familia ha luchado durante muchos años, siempre buscando sentidos positivos a las cosas, al trabajo y al esfuerzo. Hoy que sufrimos esta terrible pesadilla estamos completamente decididos, desde lo profundo de nuestro corazón, honrando el nombre de mi hijo, a que esto no vuelva a sucederle a otro padre, a otra madre o a un hermano".

Esas palabras, ese sentimiento, dieron pie al inicio de la "Fundación Fernando Martí", que se sumará a todos aquellos proyectos con los que se busca abatir la impunidad con la que operan los plagiarios. Esta forma de pensar muestra cómo a raíz del sufrimiento ocasionado por la irreparable pérdida de alguien amado, se pueden tomar decisiones y acciones positivas. No sé qué pienses, pero esa decisión, esa noble forma de actuar, me hizo reflexionar sobre la importancia de buscar y encontrar una intención positiva a todo lo que ocurre. Esa acción de la familia Martí es realmente admirable, porque encausar un hecho tan doloroso y aberrante hacia una intención positiva, es un digno ejemplo de entereza y madurez.

La reflexión me llevó a recordar a víctimas de accidentes terribles, que sufrieron algún tipo de discapacidad, y a otras que, como en el caso que nos ocupa, han experimentado el dolor y la tristeza por la pérdida de un ser querido. La tristeza que se puede experimentar en este tipo de situaciones es enorme. El intenso dolor y los cuestionamientos del tipo: "¿Por qué yo?"; "¿Por qué a mí?", son las constantes. ¿Cuántas asociaciones y fundaciones han iniciado sus actividades después de una tragedia? ¿Cuántas personas han tomado decisiones importantes, que han beneficiado a mucha gente, tras ocurrir un suceso trágico?

Hay individuos que aparecen en nuestras vidas y nos lastiman, nos ofenden de alguna manera, nos causan daño, buscar en esos comportamientos una intención positiva puede parecernos imposible, sin embargo, de esas experiencias aprenderemos a conservar la dignidad, el amor propio y la energía necesaria para continuar.

Son muchas las circunstancias que hacen que la gente actúe con maldad, que utilice la agresividad como modo de vida. Generalmente, detrás de una persona difícil hay una historia difícil. Cuántas veces nos topamos en el camino con quienes han perdido todo, toman la decisión de no perder la esperanza y vuelven a iniciar de cero. Quienes, en contra de los pronósticos, rescatan de entre las cenizas del recuerdo, lo bueno, lo productivo, el aprendizaje, los "para qué" de la situación en cuestión.

Todo lo que sucede, para quienes confiamos en Dios, tiene un motivo y un sentido. Quitémonos el velo del orgullo y del resentimiento y encontremos dentro de lo malo, la intención positiva. Recuerdo a una persona que fue despedida injustamente de su trabajo donde laboró 24 años. Sin causa, sin razón, de la noche a la mañana le dijeron que su tiempo en la empresa había terminado. La humillación, el dolor y la preocupación en relación con su futuro y el de su familia, la agobiaron. Sentía que el mundo se le venía encima y temía que por la edad no pudiera encontrar otro trabajo. Después de varios días de incertidumbre y preocupación cambió su forma de pensar y poner en práctica el contenido del libro *El secreto*, de Rhonda Byrne, donde se habla sobre la ley de atracción y su impacto en nuestras vidas. Donde lo semejante atrae a lo semejante y que un pensamiento puede convertirse en un hecho.

Por lo que decidió cambiar sus pensamientos negativos por pensamientos positivos, llenos de prosperidad, para atraer algo igual. La intención positiva derivada de este suceso fue que la adversidad lo llevó a cambiar su modelo de pensamiento y aplicarlo en todas las áreas de su vida. ¡Ah! Encontró un trabajo (menos remunerado), pero con menos estrés y más tiempo disponible para él y su familia.

Buscar una intención positiva cuando alguien arremete verbalmente contra nosotros no es fácil. Recuerdo una ocasión, por cierto muy desagradable, donde le solicité algo a una colaboradora con quien tengo más de diez años trabajando. Al momento en que le dije que era urgente, respondió gritando y desesperada: "¡Todo le urge a usted! ¿Qué quiere, que me clone para cumplir con todo lo que me pide? ¡No puedo con todo!". Se levantó, salió, golpeó fuertemente la puerta y se puso a llorar. Si en ese momento me hubieran dominado el orgullo y lo Lozano, habría generado una verdadera catástrofe. "¿Cómo permito que un colaborador me hable así?", fue tal el impacto que me quedé inmóvil, sin poder articular palabra. Vino a mi mente la posibilidad de buscar una intención positiva. Al paso de los minutos comprendí que, con frecuencia, pronuncio la frase: "Me urge", y que con ello saturo de pendientes urgentes a mi personal, entendí que la presión, para todos, era mucha. Por otra parte, recordé que anteriormente esta colaboradora tenía problemas con dos miembros de su familia.

Estoy seguro de que para aplicar la intención positiva es necesario quitar dos grandes obstáculos: resentimiento y soberbia; cambiarlos por lo contrario: amor y humildad. Amor, porque todo se basa él, si agregamos una dosis de amor a cuanto realizamos, la armonía gobierna. Humildad porque es precisamente la que propicia la empatía, actitud que nos facilita entender lo que vive el otro y sus reacciones.

Buscar una intención positiva cuando perdemos a un ser querido ayudará a disminuir el dolor durante el duelo. Tiene que haber una intención positiva en tanto dolor, pues la dinámica familiar cambia cuando un ser querido se va, cambian, incluso, nuestras perspectivas y objetivos de vida. Alguien reacciona positivamente en congruencia con las enseñanzas y experiencias que lega ese ser amado. No volvemos a ser los mismos.

Encontré muchas intenciones positivas en la muerte de mi madre; para empezar, tomé la decisión de ser más feliz, en recuerdo y homenaje a su risa contagiosa. ¡Qué forma de reír! ¡Qué manera de disfrutar los momentos de la vida con una risa contagiosa! Sin duda, la intención positiva más importante fue escribir este libro. Aprendí tanto de ese doloroso adiós, que quise plasmar en papel lo mucho que cambió mi manera de percibir la vida y lo fundamental que es estar en buena forma para decir adiós. Busquemos dentro de la ausencia qué podemos rescatar en forma positiva y añadámoslo como saldo a favor en el inventario de nuestras vidas.

Por otra parte, me agradó mucho un consejo de una excelente amiga que me exhortó a crear un memorial, con el cual honrar y reconocer a quien ya no está y con ello sobrellevar la pena. Por ejemplo, sembrar un árbol o una planta. Esto representaría vida y resurgimiento; colocar su foto en un sitio especial y, si es posible, acompañarla con flores frescas. Lo que significa vida… dar vida a un recuerdo. Así tengo la foto de mi madre; acompañada siempre de flores y de una pequeña fuente de escritorio, que enciendo constantemente para recordarme la promesa de la vida eterna. De ti depende la intención y la forma en que asumes la ausencia y el recuerdo; por ello, procura que la ausencia tenga un significado positivo, y haz de los recuerdos un motivo para seguir viviendo.

Aminorar
la intensidad del dolor

Existe, entre el dolor y la inteligencia,
una relación tan íntima,
que los seres más inteligentes
son los más aptos para el sufrimiento.

Anatole France

E s mejor aceptarlo, tarde o temprano nos enfrentaremos a algún tipo de pérdida: material, personal o espiritual; es parte de nuestra vida. Por el sólo hecho de existir y de tener el maravilloso regalo de la vida, siempre habrá alguien que nos diga adiós. Siempre viviremos la transformación, no faltará quien nos cambie la jugada y nos quite algo que nos pertenece.

Estoy seguro que ya lo viviste. En algún momento sufriste la pérdida de algo o alguien y tu forma de reaccionar pudo haber sido muy variada, pero apegado a lo señalado en este libro. ¿Hay alguna forma de prepararnos para esto? ¿Hay alguna técnica de prevención que pueda recomendarse para aminorar los estragos que puede causar una pérdida?

La mayoría de la gente invierte grandes cantidades de dinero para recuperar la salud ante alguna enfermedad. Sin embargo, muchos no estamos dispuestos a invertir en la salud antes de que se presente la enfermedad. No acudimos con el médico regularmente, tampoco retiramos de nuestra alimentación los productos chatarra que tanto daño nos ocasionan. Evitamos prevenir, por miedo a anticiparnos al dolor. ¡Qué incongruencia!, pero es la verdad.

Esto mismo sucede cuando hablamos de pérdidas. Por eso, hoy quiero compartir algunos puntos que ayudarán en gran medida a la prevención ante lo que pueda ocurrir en nuestras vidas. Se aplica a todo tipo de pérdidas y por eso es fundamental leerlo y aplicarlo, dependiendo de lo que se viva. Es bueno ponerlos en práctica y aseguro que la adversidad será vista desde diferente perspectiva.

Vivir el momento con intensidad

Sí, ya sé que se oye trillado, pero a pesar de que múltiples estudios confirman la gran trascendencia que representa vivir en el aquí y el ahora, no aprendemos y seguimos con la misma costumbre de vivir preocupados o agobiados por un futuro que, en la mayoría de los casos, no depende de nosotros, o por un pasado que por más que queramos, no podremos cambiar.

En muchas tradiciones filosóficas y espirituales se hace hincapié en cultivar la conciencia como ingrediente decisivo para el bienestar. La práctica del budismo zen, por ejemplo, enfatiza en aprender a despejar la mente y a conectarse con el presente, que es lo único que verdaderamente tenemos.

Los investigadores en temas relacionados con la psicología de la felicidad han estudiado el fenómeno en laboratorio, una serie de estudios llevados a cabo en la Universidad de Rochester fueron sumamente sorprendentes. El estudio fue realizado con "personas muy conscientes", es decir, aquellas que tienden a prestar mucha atención al aquí y al ahora y están muy al tanto de lo que ocurre a su alrededor.

Los resultados demuestran que dichas personas son modelos de prosperidad y de salud mental. En comparación con la persona promedio, tienen más confianza en sí mismos y están más satisfechos con la vida. Además, comprobaron que quienes están más conscientes de vivir el momento, son menos propensos a sufrir depresión, a enfadarse o preocuparse; son menos hostiles, acartonados o impulsivos. Quienes son conscientes de sus vivencias actuales experimentan emociones positivas frecuentes e intensas; se sienten más autosuficientes y competentes.

En conclusión: quienes "educan su mente" para vivir el presente tienden a superar con mayor entereza las adversidades. En cambio quienes no educamos la mente somos más conscientes de lo que viene o lo que ya pasó, pero no de lo que se vive. William James dijo: "En comparación con cómo deberíamos estar, sólo estamos despiertos a medias". Ayuda mucho aprender relajación, prestar atención a la respiración mediante estiramientos y posturas, tomar consciencia de las sensaciones corporales, los pensamientos y las emociones.

Eckhart Tolle nos comparte, en su libro *El poder del ahora*, algunas técnicas prácticas y simples para fomentar el hábito de vivir el presente. Lo que más me dejó este maravilloso libro fue la importancia de "observarnos" al pensar. Todos pensamos una y otra cosa constantemente; vivimos continuamente en un diálogo interior, el cual, muchas veces, es negativo y autodestructivo. Hacer presente nuestro pensamiento, "observarlo o escucharlo"; pues es precisamente cuando lo hacemos consciente que pierde fuerza porque no lo juzgamos ni lo negamos, sólo escuchamos lo que pensamos.

Es la misma técnica que utilizan quienes practican la meditación. Al subir o bajar una escalera hacen conciencia de lo que están haciendo, ponen atención a cada paso que dan, a cada movimiento, incluso a su respiración; es cuando estamos totalmente presentes.

También podemos analizar la fuerza del presente, cuando hacemos actividades cotidianas que muchas veces realizamos en forma autómata. Por ejemplo, cuando nos lavemos las manos, presta atención a todas las percepciones sensoriales asociadas con la actividad: el sonido y tacto del agua, el movimiento de las manos, el aroma del jabón. En otras palabras, hacer consciente una sensación de presencia silenciosa pero poderosa.

El 80 o 90 por ciento del pensamiento de la mayoría de las personas no sólo es repetitivo e inútil, sino también negativo y perjudicial. Analiza tus últimos pensamientos, medita en lo que has pensado últimamente y te darás cuenta que muchos de estos pensamientos lo único que logran es hacernos sentir mal y causar una pérdida de energía vital.

Pensar negativamente se puede convertir en una adicción, más si existieron motivos de tristeza en nuestro corazón. La característica fundamental de una adicción es que ya no sentimos que podemos detenernos. Parece algo más fuerte que nosotros. También da una sensación falsa de placer que invariablemente y con el paso del tiempo se convierte en dolor. El sufrimiento emocional se forma al permitir que muchos pensamientos negativos que promueven el rencor o el odio se apoderen de nosotros. Son tantas las manifestaciones físicas que un estado de odio, coraje o rencor pueden manifestar. Inician signos y síntomas de enfermedades. Investigaciones señalan que quien trae en su interior mucho resentimiento o coraje tiende a atraer manifestaciones o ataques de otras personas iracundas y a menudo sin razón aparente. En otras palabras, si tenemos mucha ira acumulada en nuestro interior, tendemos a manifestarla subliminalmente y los demás tienden a manifestarla en contra nuestra.

"Observa" tus emociones provocadas generalmente por pensamientos, pero no analices, sólo "observa". Recuerda que una emoción habitualmente representa un patrón de pensamiento amplificado y energizado. Qué verdad tan cierta cuando decimos: "Al paso del tiempo, de lo que más nos vamos a arrepentir no es de lo que hicimos, sino de lo que no hicimos, dijimos, bailamos, expresamos".

Vivir el presente con intensidad evitará quedarnos con esa amargura de no haber expresado en su momento lo sentido. Cada instante es una oportunidad para disfrutar. Cada momento es irrepetible y hacer conciencia en eso nos ayuda a que hagamos de esos momentos un instante memorable. Triste es constatar cómo desaprovechamos los momentos.

Doy gracias a Dios por haber puesto en mi camino a personas que me han ayudado a recordar que hay ciertos instantes que no se olvidan. La bienvenida y la despedida de alguien son momentos dignos de recordarse como instantes valiosos.

Recuerdo mi infancia, cuando visitaba la casa de mi amigo Raúl, con el fin de que me explicara las odiosas matemáticas y el álgebra. Horas y horas que destinaba con gran paciencia a hacerme entender por qué $x + y = xy$ (qué afán de complicarnos la existencia). Bueno, ahora, con el paso del tiempo, entiendo que es para fomentar en nosotros otro tipo de pensamiento que nos ayude a ver los problemas desde diferente ángulo. No olvido la paciencia de Raúl y la forma tan extraordinaria de sus explicaciones que hasta ahora son de tanta importancia para mí. Hay quienes conocen la trascendencia que pueden tener los momentos y gracias a eso hacen sentir bien a quien disfruta esos instantes que se convierten en memorables con el paso del tiempo.

El presente nunca tuvo tanto significado como ahora al recordar que cuando en mi época de estudiante de medicina después de horas y horas de estudio, mi madre un día me pidió que me acostara a su lado y empezó a acariciarme el cabello con una ternura indescriptible. Recuerdo sus palabras llenas de amor recordándome que todo esfuerzo tendría su recompensa. Recuerdo sus manos en mi cabello como si fuera ayer. Probablemente si durante esos momentos hubiera estado pensando en otras cosas, agobiado por circunstancias que aún no ocurrían o que simplemente nunca ocurrirían, no hubiera sido tan memorable ese instante.

La vida está llena de momentos y muchos de éstos se convierten en los mejores. Me llevaría tiempo enumerar cuáles fueron los más significativos de mi vida. ¡Son muchos!, pero hoy quiero hacer contigo un breve ejercicio que ayudará a que valores con más intensidad cada instante: te pido que pienses y, si puedes, escribas los cinco mejores momentos de tu vida. Sé que probablemente son muchos, pero en este momento por favor piensa o escribe cinco. No avances hasta que los tengas bien identificados.

Probablemente uno de esos momentos fue cuando conocimos a ciertas personas que vinieron a darnos luz a nuestra vida, el graduarnos, cuando nos casamos, el nacimiento de nuestros hijos, el momento en que nuestro padre nos dijo determinadas palabras, el viaje aquel en el que descubrimos que la vida merece vivirse con intensidad; son muchos, y qué bueno.

Pero a lo que quiero llegar es que esos momentos tan memorables para ti no lo hubieran sido si no hubieras puesto conciencia en ese instante. Si tu mente hubiera estado en otro lugar cuando sucedió, no hubiera sido tan memorable el momento, ni digno de ser recordado. Los mejores momentos pasan muy rápido, son instantes fugaces que pueden pasar desapercibidos si no estamos conscientes.

¡Imaginemos la cantidad de veces que hemos sido protagonistas de momentos inolvidables de otras personas! Estoy seguro que si lo fuimos fue porque estuvimos verdaderamente presentes y ocasionamos momentos únicos e irrepetibles. Estoy seguro que el día de hoy tenemos instantes de sobra para que sean inolvidables. Eso depende de nosotros, de la conciencia que pongamos y de la decisión de vivir intensamente cada momento. Debemos tener la seguridad de que el adiós será menos doloroso para las partes involucradas si nuestros momentos fueron vividos con intensidad; si evitamos vivir superficialmente; si pusimos pasión e intensidad al instante; si estuvimos presentes cuando debimos estar presentes; si expresamos afecto, reconocimiento y gratitud.

Quieres a alguien: ¡díselo!
Admiras algo de alguien: ¡exprésalo!
Hicieron algo por ti: ¡agradécelo!

"¡Soy así porque en mi casa fueron siempre así!"; "A mí eso de andar diciendo que los quiero, no se me da"; "Para qué le digo que la quiero, ¡si ya lo sabe!"; frases más, frases menos, pero damos por hecho que la gente sabe cuánto la queremos y significa para nosotros. Creemos que la gente es eterna. Creemos que su ausencia no puede afectarnos y, cuando se presenta, ¡ah cómo sufrimos por no haber dicho todo lo que sentíamos!

No conozco a nadie que se haya arrepentido de haber dicho un "te quiero", pero sí a quienes no lo expresaron. El arrepentimiento es enorme. Ser expresivos en la amistad y en el amor nos ayuda a que en los momentos en los que el adiós se hace presente por alguna razón, no nos quede el remordimiento de no haber expresado todo el afecto, amor o cariño que sentíamos por quien ya no está.

Decir lo que se siente y, sobre todo, decirlo a tiempo. El agradecimiento y reconocimiento siempre serán estrategias para abrir corazones e incrementar el nivel de felicidad. Es sorprendente lo que unas palabras de reconocimiento, dichas a tiempo, pueden ocasionar en quien las recibe y en quien las otorga.

No cabe duda, vive más feliz quien incluye en lenguaje cotidiano las palabras "gracias" y "por favor". Los resultados de las investigaciones recientes son contundentes. Quienes son más agradecidos y manifiestan gratitud a los demás y a Dios por las bendiciones recibidas tienen menos probabilidades de sufrir depresiones o neurosis.

Una de las investigaciones que más me sorprendió fue la publicada en el libro *La ciencia de la felicidad*, de Sonja Lyubomirsky, donde se pidió a un grupo de participantes que escribieran cinco cosas por las que estuvieran agradecidos (es decir, que dieran las gracias por lo que tenían) y que lo hicieran una vez por semana durante diez semanas seguidas. Otros grupos de participantes, que también estuvieron en los grupos de control, se les solicitó que escribieran los cinco problemas más grandes presentados a lo largo de la semana. Las conclusiones fueron increíbles y sé que, al leerlas hoy, tomarás más en cuenta el poder que tiene el ser agradecido.

En comparación con los grupos de control, los participantes que manifestaron gratitud, tendieron a sentirse más optimistas y más satisfechos con su vida. Hasta su salud mejoró: dijeron que habían padecido menos dolores de cabeza, acné, tos y otros cuadros clínicos.

En otros estudios, tanto estudiantes como adultos con enfermedades crónicas, incluyeron la estrategia de "dar gracias por lo que tenían" y los resultados no se hicieron esperar: experimentaron más emociones positivas y mejoró su estado de salud: dormían más y mejor.

Estoy convencido, el incluir el hábito de la gratitud nos ayuda a vivir el presente, ya que cuando decimos "gracias", estamos hablando de algo del presente. Incrementa nuestra autoestima, ya que cuando damos recibimos y estoy seguro que siempre recibimos más. Cuando reconocemos, estamos admirando y eso es una prueba de humildad.

En mis conferencias he afirmado que con base en la repetición pueden adquirirse hábitos que modifiquen la conducta. ¿Cuándo fue la última vez que le agradeciste algo a Dios? ¿Cuándo fue la última vez que en forma consciente agradeciste al Creador desde lo más profundo de tu corazón las bendiciones obtenidas? Es obvio que tendemos a enfocarnos en lo que no sucedió, en lo que no tenemos o no logramos, en lugar de agradecer por lo que sí sucedió, por lo que tenemos y logramos.

Sin duda, la fuerza más grande al fomentar este hábito es que, a costa de la repetición llega el momento en que agradecemos por cosas que normalmente no agradeceríamos. Dentro de la adversidad, vemos la luz, es cuando decimos: "Gracias porque dentro de lo malo, no sucedió esto...". A primera instancia es difícil de entender, pero también sé que la vida de quienes agradecen periódica y continuamente está basada en la seguridad y fortaleza.

No olvido las palabras de una radioescucha: "La muerte de mi madre me dolió hasta lo más profundo de mi ser. Nadie ocupa ni podrá ocupar el lugar que ella tuvo en mí". Y posteriormente añadió: "Me duele su partida, pero le agradezco tanto a Dios por haberme dado la dicha de disfrutarla por el tiempo que la tuve y más le agradezco el que hayan terminado sus sufrimientos". No es fácil, pero al indagar más sobre cómo o por qué se expresaba así, identifiqué claramente la razón: es una mujer agradecida con la vida por todo lo que diariamente recibe; alguien que reconoce que hay cosas que no podemos cambiar y que siempre hay motivos para ser agradecidos con quienes dedican tiempo y recursos en nuestro beneficio.

Quienes tienen la costumbre de agradecer, manifiestan su gratitud a pesar del dolor. Cuando viene la ausencia por el rompimiento de una relación amorosa prefieren agradecer los buenos y maravillosos momentos que compartieron, en lugar de pensar en los reproches. De esta forma protegen su dignidad en ese momento tan doloroso del adiós. A costa de la gratitud constante y continua nos enseñamos a valorar lo que tenemos y rescatamos en la adversidad. Claro que no es fácil, y menos cuándo sentimos que el mundo se nos viene encima por el dolor. Incluyamos este maravilloso hábito. Digamos gracias y digámoslo continuamente. Pensemos con frecuencia en todo lo que hemos logrado a pesar de los obstáculos y sintámonos orgullos y felices por lo obtenido. Agradezcamos y demos reconocimiento a quienes hacen algo por nosotros. Estoy seguro que cuando llegue el momento de un doloroso adiós, repentinamente diremos gracias por lo bueno de la situación en cuestión. No, no es fácil, sin embargo sé que la gratitud nos fortalece y más en momentos de adversidad.

Controla o evita la ira

"La gente olvida lo que le dices, pero lo que nunca olvida es cómo la hiciste sentir"; esta frase la compartió conmigo un buen amigo y ha hecho que en momentos de coraje, controle mis palabras. Todos tenemos momentos de locura, y es en esos momentos cuando decimos o hacemos algo de lo que posteriormente nos arrepentimos. La ira descontrolada es sinónimo de locura. Cuando el coraje y el resentimiento se unen causan estragos que rara vez se olvidan.

La ira es un sentimiento, es una emoción que al ser expresada hace mucho daño a quien la recibe y a quien la expresa y para eso se requiere dejar de pensar con el corazón y utilizar el cerebro. Cuando alguien arremete contra nuestras ideas o forma de ser, u ofende a quien amamos, es cuando generalmente aflora este sentimiento que tanto daño hace.

En el doloroso proceso del adiós, ya sea por muerte o por rompimiento afectivo, generalmente vienen a nuestra mente los extremos en las emociones expresadas por quien ya no está: nos acordamos de los bellos momentos compartidos; de la gran alegría que dio a nuestra vida y de los momentos en los cuales la ira se hizo presente. Recordamos los momentos de ira de la otra persona, así como esos momentos en los cuales nosotros no controlamos la nuestra.

Imposible regresar el tiempo. Imposible hacer que revivan para cambiar las expresiones de coraje por la equidad y la búsqueda de la armonía. Lo dicho, dicho está. Afrontémoslo, entendámoslo, no se puede regresar el tiempo, nos duele recordar lo que no hicimos y "debimos". Lloramos por no haber evitado las fricciones con palabras hirientes. Desearíamos regresar el tiempo y corregir esas crisis que nos hicieron sentir tan mal.

Somos seres en evolución y aprendizaje continuo. Todos venimos a este mundo a aprender y a veces esas lecciones son a costa del dolor propio o de quien tanto amamos.

Lo contrario a la ira es el amor y la compasión, dos sentimientos que pueden llegar a controlar la ira cuando se presenta. Qué importante es controlarla y no ocultarla; reconocer nuestras reacciones, mas no negarlas.

Cuando alguien se va, es fundamental expresar la emoción. Decir lo que sentimos en esos momentos tan abrumadores. Al hacerlo, la tristeza empezará a disminuir, pero en la ira es diferente. Si damos rienda suelta a la expresión de la ira, es muy posible que sigamos fomentando ese sentimiento tan dañino dentro de nosotros. Con esto lograremos que se empiece a convertir en hábito el expresarla y poco a poco estaremos condicionados a actuar de esa manera ante la mínima provocación.

El decimocuarto Dalai Lama, Tenzin Gyatzo, dijo: "Dar a la ira el instrumento de la palabra y la acción es como dar a un niño un puñado de paja y una caja de cerillos. Una vez encendida, la ira se alimenta del aire y puede rugir descontroladamente". Otra frase que se me grabó profundamente en voz de este líder mundial fue: "Si puedes, deberías ayudar a otros. Si no puedes, al menos no deberías hacerles daño". Ambas afirmaciones se basan en dos sentimientos sublimes: el amor y la compasión. Primero hay que lograr controlar la propensión a hacer daño a otros reprimiendo acciones físicas y palabras hirientes.

La única alternativa contra la ira es controlarla y la forma de hacerlo es agregando inteligencia a la emoción. Pensemos: ¿qué valor tiene la ira?, ¿qué valor tienen la tolerancia y la compasión? Decidamos fervientemente renunciar a la expresión de esa emoción, decidamos vivir con compasión y amor. Utilicemos el sentido común y analicemos las veces en que últimamente nos hemos irritado y verifiquemos sus consecuencias.

¿Fue verdaderamente útil el expresar la ira? Si te enfadas con alguien, el resultado no es bueno ni para ti ni para la otra persona; nada positivo sale de esto. Los más afectados al expresarla somos nosotros mismos. Cuando estamos enfadados, todo cambia: no disfrutamos el aquí y el ahora, hasta la comida pierde su sabor; las caras de la gente que amamos cambian; tus amigos te irritan; el trabajo se convierte en un suplicio. Nada verdaderamente exterior ha cambiado. Es nuestra actitud la que hace que las cosas del exterior cambien.

He aprendido que cuando sucede una adversidad en mi trabajo o en mis relaciones con los demás, la ira todo lo complica. Cuando me enojo y expreso todo lo que siento, al solucionarse las fallas siempre queda un malestar, "debí haberme controlado", "pude hacerlo".

Todo lo manejamos más eficazmente si no hay ira. A veces son necesarias unas palabras severas para impedir que alguien siga cometiendo tonterías y, al hacerlo, puede empezar a surgir. Es precisamente en esos momentos donde es fundamental hacer consciencia y evitar que ésta sea la emoción principal. Debemos quitarle fuerza y dársela al amor y a la compasión.

Todas aquellas acciones que están basadas únicamente en la ira, tarde que temprano pierden su intensidad, no se disfrutan igual. Al analizar todo lo anterior, ¿crees que vale la pena sentir y dar rienda suelta a la ira? La decisión es únicamente tuya. ¡Claro que no es fácil tener compasión y amor por todo el mundo! Mucho menos por quienes se afanan en hacerte la vida imposible, pero al paso del tiempo, te das cuenta que tanta emoción dañina y negativa causa daño, el cual se manifiesta en nuestro estado de salud, en el arrepentimiento que nos invade al haber dicho todo lo que sentíamos sin miramientos y al ver que la ira nunca conduce a nada productivo.

Necesitamos primero decidir no aceptar esa emoción como parte de nuestro ser. Se requiere esfuerzo continuo a lo largo de nuestra vida para evitar darle rienda suelta. Imposible logarlo de un día para otro. La gente viene a darnos lecciones importantes de vida, y, si por algún motivo, hoy comprendimos que fue imposible evitar tantos roces con quien ya no está, entonces pidámonos perdón a nosotros mismos y, si es posible, perdón a través de la oración y sigamos nuestro camino.

Evitemos el ciclo del odio y del rencor. Llenemos nuestros espacios de amor y consideración para quienes no piensan o no sienten igual que nosotros. Te aseguro que poco a poco notaremos cambios importantes en nuestra forma de ser y actuar. Aprendamos la lección y evitemos en el futuro hacer daño con la palabra y las acciones.

La lección puede haber sido muy dolorosa, sin embargo mucha gente viene a nuestras vidas a ayudarnos a evolucionar y crecer. No permitamos que si el adiós se encuentra lleno de arrepentimiento y dolor, sigan estas acciones y sentimientos que lo suscitaron. ¡Cambiemos y cambiemos ya! El pasado quedó atrás y el aprendizaje está aquí, en el ahora.

¿Por qué yo?
¿Por qué a mí?

Bienaventurados los que lloran,
porque ellos serán consolados.

Mateo 5, 4

"**¿P**or qué vivo esta tragedia? ¿Por qué yo? ¡No es justo! ¡No puede ser!" En algún momento de la vida nos hemos formulado estas preguntas, nos hemos lamentado, hemos creído que tal o cual circunstancia adversa no debió sucedernos; suponemos que estamos exentos de sufrir algún descalabro, de padecer alguna pena.

Vemos las desgracias que viven otros con cierta indiferencia; nos damos cuenta de que alguien sufrió un accidente, aparentemente asumimos que todos estamos expuestos a que nos suceda, y "tocamos madera" para sentirnos exentos de vivir algún sufrimiento. Que algo triste o lamentable le suceda a otros nos parece "natural", tal vez nos conmueva un poco y nada más, pero la sola posibilidad de que nos suceda, nos hace decir: ¡Dios nos libre!

Por naturaleza, anhelamos ser felices, es una necesidad. Casi podría asegurar que es el estado natural del ser humano, la aspiración máxima: ser felices, gritarlo a los cuatro vientos y demostrarlo a quienes nos rodean. Sin embargo, hay que saber que ser felices no implica vivir sin tener problemas, sino enfrentarlos con lo mejor de nosotros mismos; sacarle a la vida lo mejor que pueda darnos.

Además, necesitamos ser conscientes de que por el solo hecho de ser humanos, nuestra vida puede verse afectada de diversas maneras: factores ambientales que no podemos controlar, o sociales; es decir, por ser parte de una sociedad donde el ejercicio de las libertades de los individuos puede influir en la vida para bien o para mal. De la misma forma en que aceptamos esto, debemos asumir que es una responsabilidad personal decidir nuestras reacciones ante toda circunstancia o, en otras palabras, elegir la forma en que reaccionamos ante una ofensa, enfrentamos algún peligro o manejamos el dolor. Eso depende de cada quien. No es lo que nos pasa lo que nos afecta, sino cómo reaccionamos a ello.

Dijo Benjamín Franklin: "Cuando reflexiono, cosa que hago frecuentemente, sobre la felicidad que he disfrutado, a veces me digo a mí mismo que si se me ofreciera de nuevo exactamente la misma vida, la volvería a vivir de principio a fin. Todo lo que pediría sería el privilegio de un autor que corrigiera en una segunda edición algunos errores de la primera". La madurez se pone a prueba cuando al enfrentar alguna adversidad, se es capaz de reaccionar con prudencia y entereza, al conservar la ecuanimidad; es decir, a la gente se le mide en la adversidad. Sentirse bien cuando las cosas están estables no tiene relevancia, pero controlar las emociones cuando hay razones suficientes para no hacerlo es un gran logro.

Sufren quienes se desesperan, quienes no tienen la capacidad de aceptar lo inevitable; es posible reconocerlos hasta en las situaciones comunes, cotidianas y simples; por ejemplo, conducimos el auto, tenemos prisa debido a la mala planeación del tiempo; para colmo, en cada semáforo nos topamos con la luz roja; en ese momento podemos reaccionar maldiciendo, haciendo berrinche, insultando a quien sea, o elegir conservar la calma y esperar a que cambie el semáforo en el tiempo que tiene programado, no en el nuestro, y seguir el camino.

Si optamos por hacer lo primero, nos llenamos de coraje y maldecimos a todo el mundo, sin que avancemos más aprisa, pero afectaremos al hígado y el corazón con el berrinche; aceleraremos el proceso de envejecimiento. Si optamos por lo segundo, nada nos alterará, el semáforo cambiará y podremos llegar a nuestro destino con mejor semblante y una actitud positiva.

Observé a un hombre resbalarse en un centro comercial, su pantalón se rompió y mostró lo que nunca soñó enseñar. ¡Lo hubieras oído! Tiró gritos e insultos lo mismo para los afanadores que para los gerentes y dueños del inmueble. ¿Qué logró con eso? Que hasta quienes no habían notado su accidente, tuvieran ocasión de reírse, burlarse y compadecerlo. Tal vez si después de caer se hubiera levantado calladito, riéndose de sí mismo, y asimilado lo sucedido, seguramente se habría sentido mejor. Nada es tan trágico.

Cómo reaccionar ante lo que nos pasa es una decisión personal, muchas veces nuestras reacciones no sólo nos afectan en lo individual, sino que impacta a quienes nos rodean, y amamos. Luego, cuando reflexionamos, comprendemos que magnificamos las situaciones por no reaccionar correctamente, entonces nos molestamos y avergonzamos. Un hombre se distingue de los demás por lo que su espíritu puede aportar y porque sabe controlar las manifestaciones de su naturaleza, considerando las debilidades personales y las de sus semejantes.

Siempre he pensado, y espero que estés de acuerdo conmigo, que noventa por ciento de las cosas que nos ocurren durante el día están decididas por nosotros. Esto quiere decir que sólo diez por ciento de lo que nos pasa se adjudica a factores sobre los que no tenemos control.

Hay autores que afirman que el proceso de adaptabilidad en una adversidad inicia desde el momento en que aceptamos nuestra responsabilidad en un hecho, pues aseguran que hicimos "algo" para provocarlo. Si un hombre abusa del alcohol y el tabaco, duerme mal y come peor, pone todo de su parte para lograr una vida miserable, tanto por su precaria salud física como por su deterioro mental, condiciones idóneas para adquirir enfermedades que sólo se terminan con la muerte.

Yo prefiero ser más cauteloso. En lo que nos ocurre, noventa por ciento de la causa la aportamos nosotros: "nos aceleramos"; no pensamos las consecuencias; no nos cuidamos; no usamos las palabras adecuadas, no llegamos a tiempo. En pocas palabras, no tenemos la preparación para enfrentar tal o cual situación.

No se trata tampoco de hacernos una autoflagelación para sentirnos culpables y no poder sobrellevar las situaciones que nos incomodan y nos molestan. Simplemente deseo que consideres que de todo lo que nos pasa, nosotros aportamos noventa por ciento y el diez por ciento restante depende de otros factores; espero que no caigamos en la tentación de encajonar en ese pequeño fragmento todo lo que nos ocurra.

Lo que intento decir es que así como hay circunstancias que no dependen de nosotros, hay otras que creamos; por supuesto no me refiero a hechos donde provocamos situaciones indeseables como: plantarnos en medio de las vías por las que corre el ferrocarril para tratar de detenerlo, seguramente nos hará pedazos. Obviamente esa estupidez mortal es totalmente provocada. Hablo de circunstancias simples donde nuestras acciones marcan el rumbo de las cosas; tampoco me refiero a aquellas que no podemos evitar porque las manda Quien todo lo puede, que, sin embargo, debemos aceptar, asimilándolas con resignación y entereza.

Siempre que algo sucede (porque sucederá aunque no nos guste), tenderemos a preguntarnos: "¿Por qué yo?", y sin embargo eso no nos llevará a nada. Si asumimos nuestra responsabilidad y transformamos el "¿por qué yo?", en un "¿para qué?", podremos encontrar el sentido de lo vivido y superar de forma efectiva la adversidad. Un por qué nos permitirá analizar hechos; un para qué les dará sentido.

La vida es movimiento, por tanto, los accidentes, adversidades y malos momentos se presentarán una y otra vez a lo largo de la existencia, así que nos corresponde decidir cómo reaccionar ante ellos: lamentándonos o enfrentándolos, asimilándolos y aprendiendo para continuar el camino.

Es mejor pensar para qué sucedió tal cosa, y qué obtendremos de lo sucedido, en qué nos va a beneficiar, en vez de lamentarnos y tratar de entender por qué sucedió. Deseo que la vida siga siendo para ti una gran aventura y que tengas la fortaleza necesaria para afrontar y salir avante de cuanta adversidad se anteponga a tu felicidad.

A pesar del dolor, promueve en ti la felicidad

Nada predispone más a la alegría que el dolor,
y nada más próximo al dolor que la alegría.

Eliphas Lévi

La felicidad no es ningún destino, es un trayecto y como tal debemos encontrarla en todo lo que vivimos. El dolor de una ausencia nos recuerda cuan vulnerables somos para tener felicidad a costa de quien nos acompaña en nuestro viaje llamado vida.

Es sorprendente la cantidad de investigaciones recientemente publicadas en relación a la felicidad; qué bueno que la psicología positiva sigue en crecimiento. Se ha escrito tanto sobre el tratamiento de la neurosis y de la depresión, y sólo en las últimas décadas hemos visto una gran cantidad de estudios que revelan datos sorprendentes en relación con la felicidad que todos anhelamos.

Si te pidiera que hoy mismo enumeraras qué te hace feliz, sin duda no faltaría en el repertorio lo siguiente: mi casa, mi carro, mi relación con determinada persona, mi trabajo, mis hijos, mi salud, verme bien, entre muchas otras. No niego que el mantener todo lo anterior en armonía nos ayuda a sentirnos bien, pero tarde o temprano nos adaptamos a todo eso y dejamos de valorarlo.

Definiciones de felicidad hay muchas y muy variadas. Usamos el término para referirnos a la alegría, satisfacción o bienestar positivo, combinada con la sensación de que nuestra vida es buena, tiene sentido y vale la pena. Pero no todas las definiciones se adaptan a cada uno de nosotros dadas las grandes diferencias que representa ser o no ser felices. La definición de felicidad va cambiando dependiendo de lo que se viva en ciertos momentos. Si un hijo está enfermo, nuestra felicidad estará en torno a su mejoría; si voy a ser sometido a una operación mi felicidad estará ligada al resultado. Por tanto, casi nadie necesita de una definición de la felicidad, puesto que en el fondo todos sabemos, por instinto, si somos felices o no lo somos. Por eso los investigadores prefieren el término de "bienestar subjetivo o simplemente bienestar".

Siempre hemos creído que la felicidad está en las personas que amamos y en las cosas que queremos. No niego la importancia de esto, pero ¿por qué a pesar de tener lo que tenemos y vivir rodeados de tanta gente que nos manifiesta amor, no vivimos tan felices como deberíamos? ¿Por qué los seres humanos siempre estamos en búsqueda de la felicidad, a pesar de todo lo que poseemos?

Deseamos ser felices, afirmamos que es nuestra misión fundamental en la vida, pero al final cada quien la busca a su manera. Hay quien dice que sus hijos representan la felicidad; para otros, la felicidad son sus objetivos y metas por cumplir. Existen también quienes basan su felicidad en la realización espiritual. No falta quien dice que la felicidad será proporcional a los bienes que logres atesorar a lo largo de tu vida.

Queremos ser felices y al lograrlo se estimula nuestra energía, mejora nuestra creatividad y el sistema inmunológico; nuestras relaciones con los demás e, incluso, conforme más felices somos se alarga más nuestra existencia.

Se han publicado investigaciones sobre el tema de la felicidad que deberían hacer un cambio en nuestra manera de pensar. Sin duda, unas de las mejores publicaciones son las de la profesora y psicóloga de la Universidad de California, Sonja Lyubomirsky, egresada de la Universidad de Harvard y doctorada en psicología por la Universidad de Stanford. Todo lo publicado por ella son recomendaciones y propuestas basadas en investigaciones científicas sobre el tema de la felicidad.

Hoy quiero hacer alusión a lo más importante que he aprendido en relación a este tema. No niego que me costó tiempo aceptar lo que voy a compartir, pero conforme han pasado los días he constatado la veracidad de estas investigaciones al recordar pasajes importantes de mi vida donde confundí lo que es la verdadera felicidad. Estoy seguro que si estás en el proceso de duelo te ayudará mucho leer los siguientes párrafos.

Los investigadores han encontrado que 50 por ciento de lo que creemos que nos proporciona felicidad, depende de nuestra carga genética. También la depresión, se ha comprobado que tiene predisposición genética, como se ha demostrado en investigaciones relacionadas con los niveles de felicidad. La forma como se han realizado estas pruebas ha sido verdaderamente sorprendente y la Universidad de Minnesota lo demostró con gemelos idénticos a los que por años han monitoreado sus niveles de felicidad.

Aunque los gemelos se hubieran separado por diferentes razones, el resultado fue que cuanto más feliz fuera un gemelo idéntico, más feliz era el otro. Esto no fue igual en gemelos bivitelinos o gemelos fraternos.

A este 50 por ciento se le llama factor de referencia. Es el nivel de felicidad que heredamos de nuestra madre o nuestro padre biológico, o de los dos. Este mismo factor se ve en las personas que son obesas, cuyos padres también lo son; o en quienes comen mucho y no engordan porque la constitución delgada fue heredada de sus padres.

Sin embargo, el descubrimiento más increíble es que 10 por ciento de la discrepancia en nuestros niveles de felicidad se explica por las diferencias en las circunstancias de la vida, es decir, que seamos ricos o pobres, estemos sanos o enfermos, casados o divorciados. Podemos constatar este dato al recordar a personas con mucho dinero pero que viven en un estado de tristeza o depresión constante. O quienes padecen una discapacidad o una enfermedad agobiante y los vemos muchísimo más felices que quienes gozan de cabal salud. O quienes dicen estar felizmente casados, tener una maravillosa familia, y sus actitudes y afirmaciones nos dicen lo contrario. La autora menciona como excepción la pobreza extrema o enfermedades terribles y dolorosas.

Óscar Wilde escribió: "En este mundo sólo existen dos tragedias: una es no obtener lo que deseamos, y la otra es obtenerlo". Interpreto esto como una advertencia a que por mucho que nos afanemos por hacer las cosas bien, el éxito no siempre nos dejará satisfechos y felices. Cuando llegamos a ese punto después de sacrificar tantas cosas y momentos en aras del éxito, comprendemos que no era eso lo que queríamos y que no hay más felicidad que la que teníamos antes. Los que tienen dinero y poder saben algo que tú y yo desconocemos, y que probablemente batallemos para entender: el dinero y el poder no satisfacen esa hambre indefinible del alma. Todos los ricos y poderosos siempre anhelan algo más, tienen problemas iguales a los tuyos y a los míos o mucho peores, sin embargo creemos que si nosotros tuviéramos el dinero que ellos tienen seríamos felices.

Por otra parte, ese porcentaje lo constatamos también en quienes han sufrido el dolor de perder a un hijo, que no dudo que sea el dolor más intenso que se puede sufrir y que, a pesar de esto, han decidido seguir con su vida y ser felices. Esto lo comprobé en varias entrevistas realizadas en mi programa de radio. "Aprendes a vivir con el dolor. Nunca desaparece la sensación de vacío por la pérdida de un hijo, pero tienes que salir adelante y ser feliz", con estas palabras una madre describió su sentir. Es verdaderamente terrible sobrellevar el dolor, pero al encontrar un sentido a la vida, el dolor persiste, pero no el sufrimiento.

¿Y el otro 40 por ciento? Aparte de nuestros genes, que representan 50 por ciento, las situaciones a las que nos enfrentamos equivalen sólo al 10 por ciento. El 40 por ciento restante lo constituye un elemento decisivo: nuestro comportamiento, las acciones deliberadas que realicemos para ser felices. Por lo tanto, la clave de la felicidad no consiste en cambiar nuestra constitución genética porque es imposible, tampoco en cambiar nuestras circunstancias, ya que hay cosas que no podemos cambiar aunque queramos y, si lo logramos, no garantizan nuestra felicidad. En sí, ésta se encuentra en nuestras actividades deliberadas de todos los días. En la forma en la que reaccionamos ante los acontecimientos y en la forma en la que pensamos.

Esto es para mí el mayor descubrimiento de los últimos años, ya que quiere decir que todos podríamos ser mucho más felices si "observáramos" con atención a esas personas que, a pesar del dolor, deciden ser felices. ¿Qué hacen? ¿Cómo toman las adversidades en sus vidas? Estoy seguro que la respuesta tiene que ver con la decisión de cómo reaccionar.

Sé que no es fácil entenderlo, pero la fortaleza y la decisión de quienes están en crisis es muchas veces admirable y digna de imitación. Ese 40 por ciento del total de la felicidad, según los expertos, proviene de las acciones que deliberadamente hacemos para ser felices. Es el comportamiento que se tiene cotidianamente. Los puntos en común que las personas felices manifiestan en sus vidas son lo siguientes:

○ *Dedican más tiempo a la familia y a los verdaderos amigos.* Fortalecen las relaciones con quienes los rodean y disfrutan de ellas.
○ *Hacen del ejercicio un hábito.* Deciden disfrutar de ello sin utilizar la frase "tengo que hacer ejercicio", la cambian por "quiero hacer ejercicio". El ejercicio amansa a las fieras, controla las emociones y promueve la armonía.
○ *Expresan continuamente gratitud.* No desaprovechan la oportunidad para decir "gracias". Reconocen el esfuerzo de las personas que los rodean y lo agradecen continuamente. Saben de la fortaleza que envuelve el agradecer a Dios por lo recibido. Hacen de la gratitud un hábito.
○ *Hacen del servicio a los demás una pasión.* Gustan de ayudar continuamente a quienes lo necesitan. Ser amables mitiga la culpa, la aflicción y el sufrimiento.
○ *Saborean y expresan su sentir cuando algo les agrada.* Dicen continuamente ¡qué bonito día!; ¡Qué rica comida!; ¡Qué bien te ves! Conocen la importancia de las afirmaciones positivas para sentirse mejor. Cada día me asombro más de la importancia de enfocarme en lo bueno de las cosas.
○ *Tratan de vivir en el presente.* Evitan vivir en el pasado que por más que quieran no regresará, ni en el futuro que es prácticamente incierto.

◐ *Son personas comprometidas con sus ideales.* Luchan por lo que quieren, pero siempre anteponiendo sus valores y principios, los cuales generalmente están muy arraigados. Saben lo que quieren y luchan por ello siempre anteponiendo el respeto y la integridad de quienes los rodean. El fin nunca justifica los medios.

◐ *Demuestran su fortaleza ante las adversidades.* Ellos también sufren, lloran y se afligen. También tienen tragedias, pero su arma secreta para salir de las crisis es el aplomo, la fe y la esperanza que siempre abrigan en su corazón. En la adversidad buscan el aprendizaje de lo vivido. Encuentran lo bueno en lo malo y constantemente ven que las cosas pudieron haber sido peores. No olvidemos el verdadero significado de la fe: creer sin haber visto. Hay situaciones sobre las cuales no tenemos ninguna injerencia y solamente nuestra fe nos ayudará a sobrellevar el dolor. Es precisamente en los momentos difíciles cuando la fe y la esperanza se ponen a prueba. Si decidimos creer en Dios que todo lo puede y que desea nuestro bien, qué mejor momento para ponerlo en práctica.

◐ *Evitan pensar demasiado.* Darle muchas vueltas a los errores y experiencias negativas es un desgaste de energía que podría utilizarse a nuestro favor. Dejamos ir el presente y sus momentos felices por estar dando vueltas a palabras que nos hicieron daño; personas que nos afectaron y momentos que preferiríamos no haber vivido. Utilizan la mente a su favor no en su contra. No olvidemos que "un pensamiento provoca siempre un sentimiento; un sentimiento provoca una acción". El porqué actuamos de determinada manera es debido a los pensamientos que albergamos en nuestra mente. Un pensamiento positivo produce emociones positivas y acciones positivas.

○ *Utilizan las comparaciones a su favor no en su contra.* En las adversidades se confrontan con quienes tienen motivos de sobra para sentirse peor. Utilizan la comparación para mejorar un punto débil. Sin embargo, hay personas para quienes las comparaciones son motivo de envidia y resentimiento. Se convierten en comparaciones odiosas porque no comprenden que nunca tendrán más que otros y puede hacer que lleguen a sentirse vulnerables, amenazados e inseguros. Quienes verdaderamente quieren ser felices se alegran de la prosperidad de los demás. Utilizan la comparación para aprender y valorar, no para fomentar malestar.

Obviamente no tenemos por qué identificarnos en todos y cada uno de los puntos anteriores; si nuestro afán es ser más felices, podemos enfocarnos en uno y te aseguro que será de gran beneficio y más aún, si estás viviendo un proceso de duelo.

La felicidad
y la adaptación

La dicha de la vida consiste en tener siempre algo que hacer,
alguien a quien amar y alguna cosa que esperar.

Thomas Chalmers

Siempre he creído que quienes se adaptan encuentran más
fácilmente la felicidad. He afirmado inclusive en mis publicaciones en prensa que las personas que caen mejor o
agradan más a los demás son quienes cumplen con tres características: sonríen o ríen espontáneamente, te hacen sentir bien y
se saben adaptar a las circunstancias.

Son grandes los beneficios que hay en el proceso de la
adaptación, sin embargo, investigaciones recientes encuentran
que tendemos a adaptarnos fácilmente a lo que nos hace felices y, al hacerlo rápidamente pasa la euforia y tendemos a
regresar a nuestro "estado normal de felicidad".

Esto echa por la borda el mito de que la felicidad se
encuentra cuando modificamos nuestro entorno con la esperanza equivocada de que los cambios nos traerán la felicidad

que tanto hemos anhelado. Quienes se someten a alguna cirugía estética para ser más felices logran mejorar esa parte de su cuerpo que no les agradaba y se sienten felices, pero la felicidad obtenida es temporal y si no trabajan otras áreas en su vida como la mente o el espíritu, de nada sirve y tarde o temprano sentirán la necesidad de otro cambio que les ayude a encontrar la felicidad nuevamente.

Algo así viví recientemente con la ilusión de la compra de una casa nueva. Desde hace años mi familia y yo soñábamos con vivir en una zona con áreas verdes, en una casa con espacios más amplios y con más comodidades. La etapa de construcción estuvo siempre llena de emoción. Soñábamos con el primer día de vivir ahí. Llegó el momento esperado y verdaderamente nuestra felicidad aumentó, pero posteriormente llegamos a nuestro estado "normal" de felicidad; todo vuelve a la normalidad.

Con esto no quiero decir que no soy feliz donde vivo, sino que la euforia ha pasado. Y esto se aplica en todo lo que vivimos. Lo nuevo y novedoso siempre ocasiona cambios en nuestro estado de felicidad. Si adquirimos un auto, la euforia al manejarlo el primer día es enorme, el olor a carro nuevo queremos que perdure; al paso de los días vemos al automóvil como parte de nuestras vidas y la emoción termina porque nos adaptamos. Quien va a viajar por placer disfruta enormemente los preparativos del viaje. Llega el momento y, efectivamente, se disfruta enormemente, sin embargo, nos adaptamos en los días siguientes. Al regresar todo vuelve a la normalidad.

Las personas nos dan felicidad. La llegada de la persona con quien queremos compartir la vida siempre le da un aliciente y energía a nuestros momentos. Manifestamos que el momento más feliz será el día de nuestra boda. En mi caso, no lo niego, así fue. Fue sin duda uno de los momentos más felices y significativos de mi vida. Vivimos la emoción de nuestros primeros días de casados y conforme pasa el tiempo nos adaptamos a esta nueva etapa.

Igual sucede con la llegada de los hijos que tanto amamos. Tendemos a adaptarnos a la enorme felicidad que nos traen y creemos que conforme crezcan nos traerán más felicidad al ir logrando una a una sus metas; nos adaptamos y rápido.

En el aspecto económico la historia se repite. Recuerdo el caso de un padre de familia que ganó el primer premio de uno de los sorteos más exitosos en México. Obtuvo una residencia con valor de varios millones de pesos. Obviamente la felicidad de todos los miembros de la familia era desbordante. Pero al paso de los años todo volvió a la normalidad. Él me expresó que no se sentía más feliz que otras personas que no tenían los recursos que él.

Esto confirma un estudio realizado en Chicago, Illinois. Un grupo de psicólogos entrevistaron a algunas personas que resultaron afortunadas en la lotería de dicho estado. Un año después de haber obtenido el premio se suponía que cambiarían sus vidas, pero afirmaban que no eran más felices que cualquier persona que no hubiera recibido un premio de esa magnitud. Y lo más sorprendente es que afirmaron que anteriormente disfrutaban más las actividades cotidianas como ver televisión o salir a comer. En otras palabras, desafortunadamente es fácil adaptarnos y regresar a la "normalidad".

Lo menciono por dos motivos: el primero, porque es necesario valorar intensamente los cambios que ocurren a nuestro alrededor y no olvidar que la felicidad es mucho más que eso. El segundo es porque estoy seguro que cuando alguien que significa mucho en nuestra vida se va, la mente busca la forma de adaptarse a esta nueva etapa. El vacío y el dolor están presentes, no lo podemos negar ni ocultar, pero tarde o temprano buscamos adaptarnos a este nuevo estado que nos permita sobrevivir al principio y posteriormente encontrar razones suficientes para ser felices.

No podemos cegarnos ante la realidad de vivir siempre de recuerdos. Ese ser ya no está y la vida sigue. Todo pasa y conforme avance el tiempo los recuerdos persistirán, pero no dolerán. Por eso, para trabajar en nuestra felicidad vale la pena reacordar que 40 por ciento depende de las actitudes que tengamos ante lo que nos ocurre, del agradecimiento continuo por todas la bendiciones que recibimos; de una actitud afable para quienes nos rodean, haciendo actos de amabilidad sólo porque sí; de la capacidad que tengamos para reconocer nuestros aciertos y sentirnos satisfechos por lo que logramos; de evitar la comparación constante con los que tienen más y creer que por eso son mejores. Utiliza la comparación a tu favor, no en contra. En este mismo porcentaje se incluye el perdón como estilo de vida; evitar cargar con resentimientos y rencores que dañen a nuestro interior. El entorno nos proporciona sólo 10 por ciento. Sé que es difícil aceptarlo, sin embargo, así es.

Adiós
a un mal hábito

Siembra actos y recogerás hábitos;
siembra hábitos y recogerás carácter;
siembra carácter y recogerás destino.

Charles Reade

C ada quien hace con su cuerpo y con su vida lo que quiere, y es precisamente esa libertad que tenemos lo que puede hacer que una acción que creemos que no nos hará daño, se convierta en un hábito nocivo para nuestra salud. Hábitos dañinos hay muchos: desde el uso excesivo del Internet, al olvidarse de convivir con sus seres queridos, hasta comer en exceso, el alcoholismo, la drogadicción, el tabaquismo, entre muchos otros.

Sería muy difícil hablar de todos ya que cada uno de estos hábitos causan dependencia, pero he querido agregar este apartado esperando que pueda ayudarte a tomar la decisión de hacer un alto a algún hábito nocivo que puede estar afectándote y puedas tomar cartas en el asunto.

Nuestra forma de ser y actuar es consecuencia de muchos factores: nuestros genes, la infancia, las relaciones que fomentamos. Es consecuencia también de lo que pensamos, de lo que sentimos, de lo que comemos y de cómo reaccionamos ante lo que sucede, incluyendo la facilidad o dificultad para enfrentar el rechazo. La mayor parte de lo que nos sucede es por consecuencia de alguna decisión que tomamos.

Como mencioné anteriormente, estoy de acuerdo con la frase que dice que mucho de lo que nos sucede o lo permitimos o lo provocamos; nos lamentamos por las secuelas de decisiones que en su momento tomamos, tanto al permitirnos consumir productos nocivos como al no poner límites y alejarnos de quienes pueden fomentar en nosotros costumbres dañinas.

De acuerdo con investigaciones recientes, México es el país que ostenta el primer lugar en obesidad y diabetes, en el mundo. Más de 70 por ciento de la población está inconforme con su peso. Pero un mínimo porcentaje decide poner un alto y tomar la decisión de buscar su peso ideal. Cada vez observamos a más familias completas obesas, porque los hábitos tienden a imitarse y el consumir alimentos chatarra se está convirtiendo en una rutina normal. Damos a nuestro cuerpo cualquier comida. Cuidamos más el tipo de aceite que le ponemos a nuestro auto que el aceite y grasas que consumimos.

Somos incongruentes al decir que queremos vivir muchos años y no hacer nada por el activo más valioso que verdaderamente tenemos: nuestro propio cuerpo. No falta quien, en su afán por adelgazar, promete como propósito de año nuevo bajar de peso, y expresan en forma solemne: "¿Ves esta lonja? ¡Pues mírala bien, porque ya no la verás!". Y efectivamente, cumplieron porque ya no la vemos pero ¡porque la cubre otra lonja nueva que se ha formado!

La vida está llena de personas con muy buenos propósitos, pero pocas personas logran el objetivo de decir adiós a un mal hábito, por la responsabilidad y la fuerza de voluntad que implica. Todo cuesta y el precio que hay que pagar por lograr un mejor estado de salud es en ocasiones alto, pero no creo que nadie se haya arrepentido de eliminar de su vida un hábito que sea nocivo para su salud.

Es sorprendente cómo infinidad de jóvenes, adultos, hombres y mujeres siguen con el nefasto hábito de fumar. Hay estudios que revelan que la nicotina es más adictiva que la cocaína. Somos seres pensantes, pero a veces nuestra inteligencia no se refleja en nuestros actos, ya que a pesar de tantas advertencias de lo nocivo que son las drogas, la nicotina y demás productos que tenemos al alcance de nuestras manos, seguimos destruyendo poco a poco nuestro organismo al consumirlos.

En México, actualmente están prohibidos los anuncios publicitarios relacionados con los cigarros. Las advertencias de daño a la salud en las cajetillas son cada vez más grandes y, aún así, el índice de venta de estos productos se ha mantenido y cada vez es más frecuente observar a jóvenes que desde temprana edad se inician en el vicio del cigarro. Hoy, independientemente del hábito que puede estar dañando tu salud, quiero compartir algunos puntos que, considero, son útiles para desechar malos hábitos:

○ *Conoce a fondo el hábito nocivo que te afecta.* El conocimiento promueve la acción para cambiar y la sensibilización al cambio. Hay quienes no están enterados del daño que puede ocasionarles determinado hábito. Vemos cómo, por moda, por imitación o por la "necesidad de sentirse parte de...", los jóvenes fuman en exceso. El daño ocasionado a pulmones y vasos sanguíneos es enorme; la predisposición al cáncer se incrementa en un 50 por ciento. El tabaco es la causa de muerte de más de cinco millones de personas en el mundo; sólo en México fallecen al día 150 a consecuencia del tabaquismo. En otras palabras, es la causa de muerte más frecuente que puede evitarse. Algunos lo saben, pero se escudan con la frase que evita remordimientos y confrontación: "¡De algo me he de morir!". ¡Claro que sí! Todos nos vamos a morir, pero el fumar, beber alcohol, comer en exceso o el consumo de alguna droga acelera el proceso del envejecimiento y ayuda a promover los factores ideales para la presencia de enfermedades. Conocer las consecuencias del hábito en cuestión podrá darnos el impulso para tomar la decisión de hacer algo por nuestra vida.

○ *Observa las consecuencias de un mal hábito.* Recuerdo a Ramón, un fumador que durante años consumía una cajetilla de cigarros al día. En una ocasión desarrollo una bronquitis tan severa que estuvo internado por una semana en cuidados intensivos del hospital. Sus palabras al salir fueron: "¡No vuelvo a fumar nunca más! ¡Hoy he decidido dejar de hacerme tanto daño!" Más ánimo manifestó cuando compartí con Ramón los estudios que demostraban que los beneficios al dejar de fumar se observan desde el mismo instante en que se toma la decisión. El riesgo de contraer cáncer y otras enfermedades se reduce notablemente. Lo mismo sucede con quienes libran algunas de las complicaciones que son consecuencia de consumir drogas. Tienden a buscar ayuda cuando empiezan las manifestaciones de la enfermedad. Es difícil combatir las adicciones, pero una experiencia dolorosa puede ayudar a hacer conciencia. Desafortunadamente la lección es en ocasiones muy dura y, aun así, hay quienes continúan con el hábito y con su difícil proceso de autodestrucción. Las consecuencias de comer en exceso tarde o temprano se hacen notables. Desde secuelas en la autoestima y la actitud, hasta las múltiples enfermedades asociadas con la obesidad. Lo que no hagamos por nosotros mismos, nadie lo va a hacer. ¿Por qué esperar a que esté el agua hasta el cuello para enseñarnos a nadar? Nuestro cuerpo es el templo de nuestra alma y vale la pena preservarlo, cuidarlo y alimentarlo de la mejor manera.

O *Identifica los estragos o consecuencias del mal hábito de una persona cercana.* El impacto de saber que alguien cercano sufre las secuelas de una adicción y el calvario que ha sufrido al intentar salir de ello, puede ser tan fuerte, que motive a quienes tienen o padecen la misma adicción a dejarla definitivamente. Incluyo las noticias impactantes de personajes públicos que tienen cierta influencia sobre quienes tienen hábitos similares. A raíz de que se dio a conocer que el actor estadounidense Rock Hudson había contraído Sida, enfermedad que en ese tiempo era casi desconocida, miles de personas en el mundo modificaron en cierta medida sus conductas sexuales. Lo mismo ocurrió con la muerte de la cantante Soraya, que impactó sobremanera a la comunidad latina al morir de cáncer de mama, lo que incrementó las medidas de detección oportuna de esta enfermedad y sensibilizó fuertemente sobre los factores que lo predisponen como el tabaquismo. Y qué decir del cantante mexicano José José, que a raíz del alcoholismo que padeció por tantos años, hizo que miles de personas reconocieran su adicción y buscaran ayuda. No esperemos a vivir de cerca las secuelas de los hábitos nocivos que podamos tener en este momento. Decidamos hacer algo por nosotros y hagámoslo ya.

○ *Déjalo por amor a tus seres queridos.* "Papá, por favor, no fumes. Te pido que no fumes ni tomes tanto porque tengo mucho miedo que te mueras"; un padre de familia me dijo que fue esa exhortación la única que le hizo tomar la decisión de dejar de fumar y beber en exceso. Buscó ayuda profesional para dejar las adicciones y lo logró. La influencia de nuestros seres amados es enorme y por amor uno es capaz de muchas cosas, aunque reconozco que cuando se trata de adicciones, el amor sigue y está presente, pero la adicción también. Conozco muchos casos de quienes por amor toman la decisión tajante de dejar los vicios para siempre, sin importarles la presencia de los signos y síntomas de abstinencia que pueden ser un verdadero infierno.

El amor es la fuerza más poderosa que nos impulsa a luchar y seguir en el camino. Puede ser la fuerza liberadora para vencer la presencia de hábitos dañinos; es un motor fundamental que motiva a alguien a bajar de peso para agradar más a quien es el amor de su vida. El amor mueve, pero para ello son necesarios voluntad y sacrificio. Fue por ese mismo amor que mi madre, después de casi 30 años de vivir con el tabaquismo, dejó de fumar de la noche a la mañana. Fue tanto su impacto al saber que yo fumaba, que para que su orden tuviera fuerza, dejó de fumar en ese momento. "¡No fumes, César! Y porque te quiero mucho a ti y a tus hermanos, hoy tu mamá deja de fumar. ¡No fumes!". Mi madre le dio vida a la frase: "La palabra impacta, pero el ejemplo arrastra".

○ *Déjalo por convicción.* No es de sorprender el espíritu emprendedor y la fortaleza que los seres humanos tenemos. Y es más impactante cuando por voluntad propia alguien decide cambiar. Sus razones tendrán, pero nos sorprendemos al conocer a quienes un día deciden dejar un vicio, bajar de peso, cambiar radicalmente y tener una vida más sana. Generalmente se toca fondo para cambiar. Me pudo mucho conocer la historia de Rosa María. Una mujer que compartió conmigo su historia de adicción al juego (ludopatía). Después de cinco años de mentiras a su esposo e hijos, de haber perdido dos automóviles, e inclusive utilizar para el vicio el dinero que era destinado para el pago de libros y colegiaturas de sus hijos, un día sin más, y a raíz de tanto dolor causado, tomó la decisión de buscar ayuda para dejar definitivamente el juego. A la fecha no ha tenido recaídas; sigue en control su adicción.

Por supuesto que no es fácil, y menos cuando una costumbre se encuentra arraigada. Está comprobado que es más fácil reemplazar la costumbre; es decir, sustituirla por un comportamiento que sea positivo. Benjamín Franklin en su famosa autobiografía explica una técnica que utilizaba para eliminar sus peores costumbres y reemplazarlas por unas mejores, saludables o positivas.

Hizo una lista de trece cualidades que quería tener y las colocó en orden de importancia. Luego escribió cada una de ellas en una página separada de un pequeño cuaderno y se concentró o enfocó en cada cualidad durante una semana. Si durante esa semana no conseguía poner en práctica esa virtud concreta de manera satisfactoria, señalaba unas pequeñas marcas negras al lado de la misma.

Al trabajar constantemente cada una, llegó a eliminar la condición de dibujar las marcas, porque para entonces ya había adquirido la virtud. Al utilizar esta técnica, los nuevos hábitos de Benjamin Franklin sustituían a los viejos. Eliminó un conjunto de comportamientos que le perjudicaban al tiempo que adquiría otro conjunto de ellos que era más beneficioso para él. Conforme avanzaba sentía más seguridad y satisfacción al agregar más hábitos positivos que negativos. Por medio de un esfuerzo consciente y de convicción propia adquirió mejores hábitos y al hacerlo se convirtió en una mejor persona.

○ *Explota tu espíritu competitivo.* No falta quien, en su afán de quitar un mal hábito, realiza una apuesta para demostrar su fuerza de voluntad, claro, siempre y cuando no sea ludópata. Si esto le ayudó a vencer un vicio, ¡qué bueno! El espíritu competitivo se pone en marcha solamente para demostrar que sí puede. Que sí se tiene la fuerza de voluntad para dejar definitivamente un mal hábito, fuerza que muchas veces ni ellos saben que poseen. El espíritu de competencia es sano cuando se toman como modelos a seguir a personas que influyen positivamente en nuestras vidas. "Si otros pueden, ¿por qué yo no?".

Ron Hubbard, en su libro *Los beneficios de los desafíos*, menciona que las personas prosperan sólo cuando hay desafíos en su medio ambiente y mientras más inteligentes, persistentes y competentes sean, más disfrutarán de un problema.

Recuerdo un artículo que leí recientemente al respecto. La forma en que los japoneses han enfrentado el déficit de pescado en los alrededores de su país. A ellos, como sabemos, les encanta el pescado fresco, pero por la carencia del producto cerca de sus costas, tuvieron que fabricar barcos más grandes para poder ir más lejos en búsqueda del pescado deseado. Pero pronto se dieron cuenta que la gente no les compraba el pescado, porque no estaba igual de fresco que cuando se pescaba en sus alrededores.

La crisis los hizo reaccionar y decidieron instalar congeladores para poder ir más lejos por más tiempo y poder conservar a los peces dentro de esos aparatos. Pero a los japoneses no les gusta el pescado congelado, ya que ellos saben distinguir perfectamente la diferencia de sabor entre uno y otro.

Como no querían vender su pescado barato, eliminaron los congeladores y pusieron en los barcos enormes tanques de agua salada para que los peces capturados pudieran seguir vivos hasta llegar a Japón. Pero se enfrentaron a otro problema: los peces se sentían como prisioneros y dejaban de moverse en el tanque, lo que hacía que se perdiese la consistencia y sabor en el pescado, situación que notaban los consumidores y pagaban menos por el producto.

¿Qué crees que hicieron para solucionarlo? Pusieron un tiburón pequeño dentro del tanque que transportaba a los peces y éstos, al ver al animal, se mantenían más alertas y en continuo movimiento. Claro que el tiburón se comía a algunos, pero el resto llegaba a Japón como pescado fresco. El mensaje es claro: cuando sientas que no puedes por ti mismo seguir, invita a un "tiburón" a tu estanque.

No olvides que los grandes cambios en los seres humanos surgen más frecuentemente después de una crisis. Balzac dijo: "En las grandes crisis, el corazón se rompe o se curte".

○ *Déjalo por conocimiento de Dios.* No por ser la última es la menos importante. ¡Al contrario! El conocimiento de un poder superior, de un amor incondicional como

185

es el amor de Jesucristo es el motor fundamental para vencer los malos hábitos. Las terapias más exitosas para la rehabilitación de seres que han sucumbido en las garras de las drogas y el alcohol incluyen el conocimiento del infinito amor de Dios. Al repasar los doce pasos de rehabilitación que promueven en Alcohólicos Anónimos, veo la importancia que le dan a Dios para el éxito en el proceso de su terapia.

En siete de los doce pasos de AA, se enfatiza la importancia del crecimiento espiritual. Con gusto los comparto contigo:

Paso 1. Admitimos que éramos impotentes respecto al alcohol. Que nuestras vidas se volvieron ingobernables.
Paso 2. Llegamos a creer que un poder superior a nosotros mismos podía devolvernos la sanidad.
Paso 3. Decidimos poner nuestras vidas y nuestras voluntades al cuidado de Dios como nosotros lo concebimos.
Paso 4. Hicimos un valeroso y minucioso inventario moral de nosotros mismos.
Paso 5. Admitimos ante Dios, ante nosotros mismos y ante otro ser humano la naturaleza exacta de nuestros errores.
Paso 6. Estuvimos enteramente dispuestos a dejar que Dios nos liberase de nuestros defectos.
Paso 7. Humildemente le pedimos a Él que eliminara nuestras deficiencias.
Paso 8. Hicimos una lista de todas las personas que habíamos ofendido y estuvimos dispuestos a reparar el daño que les causamos.
Paso 9. Reparamos directamente el daño causado a cuantos nos fue posible, excepto cuando el hacerlo los injuriara a ellos o a otros.

Paso 10. Continuamos haciendo nuestro inventario personal, y cuando estábamos equivocados lo admitíamos inmediatamente.

Paso 11. Buscamos a través de la oración y la meditación, mejorar nuestro contacto con Dios, como nosotros lo concebimos, pidiéndole solamente el conocimiento de su voluntad para con nosotros y la fortaleza para realizarla.

Paso 12. Habiendo obtenido un despertar espiritual como resultado de estos pasos, tratamos de llevar este mensaje a los alcohólicos y practicar estos principios en todos nuestros asuntos.

Por supuesto que el conocimiento del amor y del poder de Dios sana y todo depende de que lo busquemos. Él siempre está dispuesto a escucharnos y ayudarnos a reencontrar el camino. Tenemos libre albedrío y la decisión es sólo nuestra para sentir en toda su plenitud su poder sanador.

Afirmo la fuerza de una decisión, de tomar las riendas de nuestra vida y hacer lo necesario para superar lo que tanto daño nos hace. Si no podemos solos, ¡busquemos ayuda! ¡Hagámoslo! Sólo de nosotros depende dar el siguiente paso que le dará luz a nuestra existencia. Qué mejor momento para compartir una frase célebre: "La gente admira más a aquel que no fue tan bueno y un día cambió a bueno, que a aquel que siempre ha sido bueno".

Está por demás recordar que la admiración es enorme para quien logra poner un alto en su vida y resurgir de entre las cenizas. Dejemos huella haciendo un cambio drástico en nuestra vida. ¡Sí podemos! ¡Retiremos de nosotros lo que nos quite vitalidad!

Adiós
a la preocupación

Si tu mal tiene remedio,
¿por qué te afliges?
Y si no tiene remedio,
¿por qué te afliges?

Proverbio inglés

La preocupación es un nefasto hábito que hemos heredado de alguien, ya que nacemos sin esa costumbre. Nacemos confiando en quienes velan por nosotros. Quienes tuvimos una formación religiosa, aprendimos a confiar en Dios que jamás permitirá un dolor más grande del que podamos soportar.

Al paso del tiempo queremos influir y predecir un futuro incierto y que, en la mayoría de las veces, no depende de nosotros. Nos corresponde poner el mejor esfuerzo en lo que hagamos hoy. Planear y prevenir en la medida de lo posible, pero es imposible conocer a fondo lo que nos depara el mañana. Es cuando, por querer que todo suceda como lo deseamos, empezamos a preocuparnos por circunstancias que no han sucedido y que "creemos" que sucederán.

La enorme cantidad de energía que se pierde al preocuparse es enorme; es tanta la adrenalina y el desgaste que se vive al hacer una historia mental de algo que pertenece al futuro y no al presente. Tenemos una mente privilegiada capaz de inventar las historias más inverosímiles y dramáticas. Personajes que transformamos en los villanos más despiadados y con una mentalidad destructiva que, según nuestras mentes, pueden afectar de muchas formas nuestros intereses.

Es sorprendente cómo, a lo largo de nuestra vida, la preocupación nos impide disfrutar momentos presentes dignos de recordar y memorar. La parálisis que se siente por el afán de que no ocurriera determinado acontecimiento, evita que nos enfoquemos en lo realmente importante: el presente. Viajes que perdían su encanto al evocar pensamientos fatalistas sobre circunstancias futuras que "podrían" ocurrir y, lógicamente, que nunca sucedieron.

¿Te ha sucedido pensar en posibles hechos futuros negativos que, por supuesto, no han sucedido y que te quitan el entusiasmo de vivir el presente? Si contestaste que sí, es que eres miembro de ese gran porcentaje de la población que tiende a gastar su energía en espejismos. ¡Porque eso es la preocupación! Es un espejismo con tintes de negatividad, donde las víctimas somos nosotros mismos. Si no fuera un pensamiento negativo, sería un sueño o un anhelo. Cuando lo visualizamos en forma fatalista, es una preocupación.

El nivel de la preocupación varía; puede ser leve, donde es más una previsión que un desgaste. Es pensar en cosas que si suceden, no nos afectarían de gran manera, porque pensamos inclusive en alternativas de solución, en caso de que sucediera. Una preocupación que va de moderada a grave se acompaña, además de los pensamientos de signos físicos como taquicardia, malestar general, pérdida del apetito, ansiedad, desesperación, alteraciones digestivas, entre muchos otros.

Nuestra estabilidad se ve afectada. Cambia nuestro estado de ánimo y forma de percepción de la realidad. Te pido que hagas hoy un alto en tu vida y realices una breve reflexión de las veces que, por el afán de querer evitar un futuro negativo y con tintes negativos, hayas desaprovechado un presente digno de ser disfrutado. Probablemente hoy mismo estarás pensando en acontecimientos del futuro, que por cierto no dependen de ti y esto te distraiga de la lectura de este libro.

¿No crees injusto que siendo la vida tan corta, la desperdiciemos en preocupaciones? Aristóteles escribió: "Somos lo que hacemos reiteradamente. La excelencia, por lo tanto, no es un acto, sino un hábito". Una persona que busque una vida basada en la excelencia modifica sus hábitos y, de entre ellos, el más dañino es la preocupación constante.

Por supuesto que al igual que las actitudes, los hábitos pueden cambiarse y ni la edad ni el tiempo que lleven con determinado hábito serán argumentos contundentes para que esto suceda. ¿Recuerdas la frase que dice "perro viejo no aprende maroma nueva"? Pues permíteme decirte que está errada, ya que conozco entrenadores de perros que me han dicho que nunca es tarde para logar que un perro aprenda ciertas gracias. Si esto sucede en los animales, que supuestamente son irracionales, ¿por qué en nosotros no sucede, si tenemos una conciencia capaz de identificar lo que es bueno o malo para nosotros?

Estoy consciente de que es difícil romper con una mala costumbre para ello existe la fuerza de voluntad. Sin embargo, lo que se ha demostrado es más eficaz, es reemplazar la costumbre. No luchar con la preocupación, detectarla y remplazarla por otro hábito que nos haga sentir mejor.

Quiero compartir algunas apreciaciones relacionadas con la preocupación. No garantizan que por obra de magia digamos adiós a este nefasto hábito, pero podrán ayudarnos a disminuirlo notablemente y conforme lo analicemos a fondo confirmaremos que no vale la pena invertir tiempo en esto.

○ *¿Son preocupaciones o son pendientes?* Hay gran diferencia entre un concepto y otro. Tendemos a concentrarnos en situaciones que probablemente nunca ocurrirán y que no podemos hacer nada por remediar. Son circunstancias en las cuales sólo en su momento se sabrá qué sucederá y hasta entonces podremos tomar cartas en el asunto. Son aquellas preocupaciones que por más que queramos no podemos hacer nada en este momento.

Por el contrario, los pendientes son todo aquello que sí podemos llevar a cabo el día de hoy, por ejemplo, hablar con alguien, modificar una actitud, pedir perdón o dedicar tiempo y talento a algo o a alguien. Con acciones en el presente podremos modificar de alguna forma los posibles sucesos.

Es necesario diferenciar uno de otro, porque el etiquetar todo como preocupación puede ser inclusive una actitud evasiva a tomar cartas en el asunto. Evitamos la responsabilidad del momento y dejamos que la incertidumbre y la zozobra se apoderen de nosotros. Si hay algo que hacer... ¡hagámoslo! Los abuelos decían: "Si tu mal tiene remedio para qué te apuras, y si no, pues también, para qué te apuras".

○ *Recuerda la Ley de la atracción.* Por supuesto que somos y nos convertimos en lo que pensamos, de eso estoy convencido. La base de esta ley es que cuando pensamos en lo que queremos y nos enfocamos en ello con toda nuestra fuerza, es lo que generalmente obtenemos. Cuando nos enfocamos en las cosas que no queremos, por ejemplo, todo aquello que nos preocupa, más fácilmente lo atraeremos a nuestra vida.

Recordemos que según esta ley, el subconsciente no detecta correctamente el "no". Por lo tanto, imagínate lo que decimos cuando expresamos o pensamos: "No quiero que me pase nada malo"; "No quiero que me corran de este trabajo"; "No quiero que se me descomponga el auto"; "No quiero estar gordo". Si la ley de la atracción o el subconsciente no escucha el "no", ¡estamos diciendo y deseando exactamente lo contrario! Cuando nos enfocamos en algo, sea lo que sea, estamos provocando que se manifieste.

Es una ley que siempre está actuando y, por lo tanto, cuando estamos pensando constantemente en lo que no queremos que ocurra desafortunadamente más lo provocamos. ¡Mejor pensemos y afirmemos lo que queremos que ocurra! Esto mismo se aplica en las personas que se quejan continuamente. Atraen con más fuerza más situaciones para que se sigan quejando y lamentando.

○ *Analiza las preocupaciones anteriores.* Al hacer un recuento de los daños relacionados con preocupaciones anteriores que recordemos, podremos constatar que muchas de esas preocupaciones no se cumplieron como lo habíamos pensado. Probablemente ocurrieron por atraerlas hacia nosotros, pero encontramos la forma efectiva de salir del problema o, si ocurrieron, no fueron con la gravedad que pensábamos.

Esto me recuerda que los momentos memorables pasan rápidamente y si nuestra mente está enfocada en el pasado o el futuro no los disfrutaremos, y al paso del tiempo nos arrepentiremos tristemente de haberlos dejado pasar. Analicemos los momentos que dejamos ir por estar viviendo las tormentas que creíamos que se avecinaban. No disfrutamos tantas bendiciones que la vida nos ofreció por estar lamentando un pasado o viviendo un futuro incierto.

○ *Pon a prueba tu fe.* Recuerda que la fe es creer sin haber visto. Afirmamos creer en Dios, pero queda solamente en palabras y no en hechos. Dios nos invita a creer firmemente en Él, a abandonarnos completamente en Él cuando sintamos el pesado yugo de la vida y, si lo hacemos, que sea completamente. "Ésta es mi aflicción… no puedo hacer nada por ello. Me abandono en ti y deseo que se haga tu voluntad".

Cuando decimos estas palabras de corazón y confiamos plenamente en Él, es cuando se suscitan los verdaderos milagros. No dudemos nunca de su poder; no dudemos de la fuerza de su palabra. No nos olvidemos de algo fundamental: si dejamos nuestro dolor y nuestra preocupación en sus manos, y lo hacemos de corazón, entonces sigamos nuestra vida confiando en que lo que sucederá será lo mejor para nosotros, para nuestro crecimiento personal y que saldremos victoriosos de la prueba.

Procuremos, mientras tanto, hacer las cosas que nos agradan y dar lo mejor de nosotros mismos. Si verdaderamente ponemos la confianza en Dios procuremos poner alegría y armonía donde quiera que estemos. Ésa será nuestra actitud más grande de confianza. No olvidemos que Él no permite nunca un dolor más grande del que podamos soportar.

○ *Formúlate las preguntas correctas.* No dudemos que es en la adversidad cuando los seres humanos demostramos más fortaleza. Es sorprendente constatar la fuerza y coraje que adquieren quienes se enfrentan a una crisis. Muchas de las personas que vivieron situaciones adversas, nunca creyeron que podrían sobrellevar una carga así y, sin embargo, pudieron. Tú puedes ser un vivo ejemplo de esto si recuerdas las veces que reaccionaste con fortaleza y entereza ante circunstancias que pensaste que no podrías enfrentar. La preocupación pierde fuerza cuando la vemos de frente, no cuando la evitamos. El intentar evitarla hace que tome más fuerza. Enfrentémosla preguntándonos: ¿qué me preocupa?; ¿por qué se ha acrecentado la preocupación?; ¿qué hay en el pasado que hace que me preocupe tanto por esto o por situaciones similares?; ¿qué es lo peor que puede ocurrirme? (incluyamos en la respuesta lo que puede ocurrir al pensar tanto eso, de acuerdo con la ley de la atracción); ¿valdrá la pena dedicarle tanto tiempo?, ¿qué estoy dejando pasar por pensar tanto en algo que no ha ocurrido?; ¿cuáles son mis fortalezas?

Recordemos, asimismo, todas las pruebas a las que nos hemos sometido a lo largo de nuestra vida y las veces que hemos salido victoriosos. El sentimiento del amor es la emoción más grande que podemos trasmitir a quienes nos rodean y cuanto más amor sintamos por nosotros mismos y por los demás, más es el poder que estaremos utilizando para sobrellevar el dolor y la adversidad. No olvidemos que si sembramos amor, eso será lo que cosecharemos constantemente.

¿Tienes preocupaciones?
Pues mira dentro de tu corazón,
para saber exactamente qué preocupaciones son.
¿Cómo te liberarás de las preocupaciones?
No huyas de ellas. Anidan bajo tu piel.
Calladamente carcomen dentro de ti toda la dicha de vivir.

No las busques en su escondite:
te esperan por doquier.
¿Cómo te emanciparás de las preocupaciones?
En último término sólo queda un camino:
una sana filosofía de vida.
Sanar pensamientos, purificar pasiones,
mirar hacia arriba, buscar la luz.
No esperar de la vida más de lo que puede conceder.
Intentar ser feliz de manera sencilla.
Disfrutar con agradecimiento las cosas sencillas de cada día.

Phil Bosmans

Hoy no digo adiós... digo: ¡ÁNIMO! ¡Hasta la próxima! Mi fe me dice que después de un adiós siempre hay una esperanza. Decido hacer de un adiós un aprendizaje que me ayude a valorar lo que vivo, tengo y disfruto.

El adiós es y será parte de nosotros. Nos seguirá mientras vivamos porque todo es cíclico. Todo crece y muere. Tarde que temprano alguien se irá de nuestra vida o nosotros lo haremos. Decir adiós será evitable, pero siempre nos quedarán recuerdos, emociones y sensaciones que hicimos vivir en quienes se marcharon. Vale la pena vivir, pero con pasión y hacer de esta vida una verdadera obra de arte, tocada magistralmente con nuestras experiencias y acciones.

Probablemente la gente olvidará lo que les expresamos y compartimos, pero jamás olvidarán las emociones y sentimientos que les provocamos.

Este libro se terminó de imprimir en marzo de 2011
en los talleres de Litográfica Ingramex, S.A. de C.V.
Centeno 162-1, Col. Granjas Esmeralda,
C.P. 09810 México, D.F.